本书由广西工业高质量发展研究中心开放基金项目"产业互联网对广西制造业价值链升级的作用与对策研究"、广西哲学社会科学规划研究课题"广西融入中国—东盟区域价值链对制造业转型升级的影响与深化路径研究"（21FYJ045）资助出版

我国产业互联网发展与制造业转型升级研究

冯金丽　詹浩勇 / 著

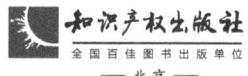

图书在版编目（CIP）数据

我国产业互联网发展与制造业转型升级研究／冯金丽，詹浩勇著. -- 北京：知识产权出版社，2025.8. --ISBN 978-7-5130-9793-2

Ⅰ.F426.4-39

中国国家版本馆CIP数据核字第202578EE65号

内容提要

本书运用因果推断实证分析法，分别对中小企业报酬增值能力和上市企业实物期权价值提升的影响及其效果进行了检验，结果表明产业互联网通过缩减贸易成本、拉动企业成长、加深数实融合、提升交易效率等途径，显著促进制造业的转型升级；通过案例分析法，对典型产业互联网平台构建的用户间及平台与用户间的价值共创模式进行了深入分析，揭示了产业互联网平台如何通过促进用户关系的连接、嵌入和锁定，逐步优化供需匹配、稳定供需关系、提升供应质量，从而增强产业链供应链的韧性。基于这些发现，本书进一步分析了影响我国产业互联网促进制造业转型升级的因素，并深入探讨了产业互联网发展面临的问题，提出在制造业转型升级导向下，促进我国产业互联网发展的路径和保障措施。

本书适合制造业从业者、互联网科技人员、政策制定者及相关领域的研究人员阅读。

责任编辑：李小娟　　　　　　　　　　　　责任印制：孙婷婷

我国产业互联网发展与制造业转型升级研究
WOGUO CHANYE HULIANWANG FAZHAN YU ZHIZAOYE ZHUANXING SHENGJI YANJIU

冯金丽　詹浩勇　著

出版发行	知识产权出版社 有限责任公司	网　址	http://www.ipph.cn
电　话	010-82004826		http://www.laichushu.com
社　址	北京市海淀区气象路50号院	邮　编	100081
责编电话	010-82000860 转8531	责编邮箱	laichushu@cnipr.com
发行电话	010-82000860 转8101	发行传真	010-82000893
印　刷	北京中献拓方科技发展有限公司	经　销	新华书店、各大网上书店及相关专业书店
开　本	720mm×1000mm　1/16	印　张	10.75
版　次	2025年8月第1版	印　次	2025年8月第1次印刷
字　数	176千字	定　价	79.00元

ISBN 978-7-5130-9793-2

出版权专有　侵权必究
如有印装质量问题，本社负责调换。

前　言

当前，在全球信息化浪潮的推动下，产业互联网作为新一代信息技术与制造业深度融合的产物，正引领着制造业的深刻变革与转型升级。本书旨在深入探讨我国产业互联网的发展历程、现状及其对制造业转型升级的重要作用，分析制约因素，并提出针对性的发展路径与保障措施，以期为我国制造业的高质量发展提供有益参考。

首先，本书回顾了产业互联网的历史演进，包括概念的形成、国内外的发展实践及其对我国经济社会产生的深远影响。通过梳理学术史和研究动态，我们不难发现，产业互联网已成为推动制造业转型升级的重要力量，其价值在于通过数字化、网络化、智能化等手段，实现生产方式的变革、商业模式的创新及产业链的高效协同。其次，本书探讨了产业互联网对制造业转型升级的作用机制，分别从中小企业和上市企业两个维度入手，深入分析了产业互联网如何通过缩减贸易成本、拉动企业成长、提升企业实物期权价值等途径，促进制造业的转型升级。同时，通过案例分析，本书进一步揭示了产业互联网在推动我国制造业智能化升级、提升资源配置效率与市场竞争力、促进产业生态系统协同优化等方面的重要作用。但我国产业互联网的发展仍面临诸多制约因素，包括基础设施不完善、数字化与协调发展不足、产业发展环境有待改善等。针对这些问题，本书提出了制造业转型升级导向下促进我国产业互联网发展的路径设计，包括夯实基础、搭建平台、深化应用、构建生态及国际化拓展等层层递进的路径阶段，旨在通过完善基础设施体系、整合各方资源、推动技术创新与商业模式创新、构建完善的产业互联网生态体系及加强与国际市场的联系与合作，推动我国产业互联网的持续健康发展。最后，本书从保障产业互联网发展要素供给和构筑产业互联网可持续发展产业生态环境两个方面，提出了具体的保障措施。这些措施旨在通过合理布局产业互联网基础设施、加强专业人才培养与引进、加大资金与金融政策支持、促进数据要素市场化配置改革及完善产业融合与协同发展政策等手段，为产业互联网的可持续发展提供了有力的支撑。同时，通过加强数据安全与隐私保护、推动开放合作与国际交流及强化绿色发展与社会责任等措施，构筑一个安全、开放、协同、绿色的产业互联网发展环境。

本书力求较全面、深入地探讨我国产业互联网发展与制造业转型升级的内在联系与规律，为政府决策、企业实践及学术研究提供有益的参考。希望本书的出版能够为推动我国产业互联网与制造业的融合发展迈上新台阶，为制造强国建设贡献一份微薄之力。

本书得以顺利出版，特别感谢张天悦、阴慧珏协助完成第 3 章、第 4 章内容的资料收集，感谢徐盼、李双怡、王嗣淇、陆秋钰、陈远麟、雍海敏、王智敏、刘阳露和刘滢在 2.2 节、4.3 节内容的资料收集和整理上提供的宝贵帮助。

目 录

第1章 研究背景 ··· **001**
 1.1 问题的提出 ··· 001
 1.2 学术史梳理和研究动态 ·· 002
 1.3 研究意义和主要创新点 ·· 009
 1.4 研究内容与研究方法 ··· 010

第2章 我国产业互联网发展历程及现状 ·· **014**
 2.1 产业互联网发展历史演进 ··· 014
 2.2 我国产业互联网发展现状 ··· 018

第3章 产业互联网发展对制造业转型升级的作用机制 ···························· **023**
 3.1 产业互联网的价值来源 ·· 023
 3.2 产业互联网发展对中小企业转型升级的作用机制 ·························· 024
 3.3 产业互联网发展对上市企业转型升级的作用机制 ·························· 027

第4章 我国产业互联网发展对制造业转型升级的作用效应研究 ··············· **031**
 4.1 产业互联网对中小企业价值提升的效应分析 ································· 031
 4.2 产业互联网对上市公司实物期权价值的影响效应分析 ··················· 050
 4.3 产业互联网促进我国制造业转型升级的案例分析 ·························· 071
 4.4 我国产业互联网在制造业转型升级中的作用 ································· 089

第5章 制约我国产业互联网发展的因素 ·········· **091**
5.1 硬条件：基础设施不完善 ·········· 091
5.2 产业基础：数字化与协调发展不足 ·········· 098
5.3 软环境：产业互联网发展环境有待改善 ·········· 107

第6章 制造业转型升级导向下促进我国产业互联网发展的路径研究 ··· **114**
6.1 带动性强的重点行业产业互联网案例发展路径分析 ·········· 114
6.2 制造业转型升级导向下促进我国产业互联网发展的路径设计 ·········· 132

第7章 制造业转型升级导向下促进我国产业互联网发展的保障措施 ··· **145**
7.1 保障产业互联网发展的要素供给 ·········· 145
7.2 构筑产业互联网可持续发展的产业生态环境 ·········· 152

参考文献 ·········· **157**

后 记 ·········· **165**

第1章 研究背景

1.1 问题的提出

2022年1月,国务院印发的《"十四五"数字经济发展规划》中明确提出,"推动产业互联网融通应用,培育供应链金融、服务型制造等融通发展模式,以数字技术促进产业融合发展","探索发展跨越物理边界的'虚拟'产业园区和产业集群,加快产业资源虚拟化集聚、平台化运营和网络化协同,构建虚实结合的产业数字化新生态"。2022年10月,党的二十大报告提出,加快发展物联网,加快发展数字经济,促进数字经济和实体经济深度融合。2023年9月,全国新型工业化推进大会进一步提出,把建设制造强国同发展数字经济、产业信息化等有机结合,为中国式现代化构筑坚实的物质技术基础。2024年7月,党的二十届三中全会通过《中共中央关于进一步全面深化改革、推进中国式现代化的决定》强调:"聚焦重点环节分领域推进生产性服务业高质量发展,发展产业互联网平台,破除跨地区经营行政壁垒,推进生产性服务业融合发展。"上述这些重要的政策导向,为数字经济快速崛起背景下,大力发展产业互联网,构建大中小型企业"数据连接、资源汇聚、服务共享"的价值生态系统,推动我国制造业转型升级指出了新方向、提出了新命题。

2022年,中国数字经济规模已超过50万亿元,总量稳居世界第2位,占国内生产总值的41.5%。在数字经济背景下,推动产业数字化转型的产业互联网服务,正步入规模化发展的新阶段。❶ 产业互联网依托纵向延伸和横向拓展的新型基础设施,运用大数据、云计算、物联网、人工智能等新一代信息技术,搭建贯通生产、交易、融资、流通等全产业链环节的数字化平台,通过资源高效配置与价值链整合优化,推动制造业企业质量与效率双重提升,并通过创新产业生态提升客户的体验感,高效创造更多的经济社会价值。可见,通过发展产业互联网这一新质生产力,促进制造业企业优化供给需求匹配、改善资源配置效率、提高协同广度和深度,不仅是数字经济和实体经济深度融合的关键突破口,还将成为制造业转型升级乃至经济高质量发展新的重要源泉。因此,本研究探讨产业互联网对制造业转型升级的影响机制、效应与路径,不仅为丰富数实融合的实践路径提供理论支撑,也将为我国制造业在数字化转型中实现提质升级提供可行决策参考,具有较强的学术价值与应用价值。

本研究重点关注以产业互联网推进我国制造业转型升级的几个关键问题:①产业互联网对制造业转型升级产生作用的理论机制是什么;②产业互联网对我国制造业转型升级的作用效应如何;③在我国消费互联网发展多年后才起步的产业互联网,如何走出一条不同于消费互联网发展模式、适合自身特点的发展路径。

1.2 学术史梳理和研究动态

1.2.1 学术史梳理

产业互联网是指依托先进信息技术构建的新型基础设施,由产业中的骨干企业牵头建设,可供全产业链中的各类经济主体(制造企业、生产性

---

❶ 数据来源:国家互联网信息办公室发布的《数字中国发展报告(2022)年》。

服务企业、客户、其他组织等）互联互通、共享共用的互联网平台。产业互联网的经济本质是产业组织数字化重构形成的虚拟产业集群。与消费互联网聚焦于从需求侧提升个人消费者的交易效率显著不同，产业互联网聚焦于从供给侧对生产、交易、融资、流通等价值链各环节进行生产关系改造优化和生产力赋能提升。因此，"产业互联网与制造业转型升级"问题属于数字经济背景下产业经济学中产业集群与产业价值链升级关系的研究范畴。

国内外的学术史沿着从地理空间集聚的传统产业集群，到虚拟空间集聚的虚拟产业集群的研究脉络演进。①传统产业集群理论。从产业组织价值创造的独特视角，将集群作为从小到大、不同空间范围价值网链的重要节点，分析其在国内价值链（刘志彪等，2009）、区域价值链（Kaplisky et al.，2011；Gereffi et al.，2016）、全球价值链（Porter，1990；Humphrey et al.，2002；Gereffi et al.，2005）推进产业升级的有效作用，揭示了"集群—价值链升级"的基本规律。②产业融合理论。围绕互联网等新一代信息技术发展，研究产业边界模糊、消失，而竞合关系不断优化的产业融合问题（Yoffie，1997；Greenstein et al.，1997）。强调不同经营领域市场主体通过信息网络异业联手、协同合作，适应产业结构模块化变革，构建虚拟集聚，可以更迅速地满足动态异质性消费需求，获取联结经济性（植草益，2001；青木昌彦等，2003；周振华，2003），开拓了数字经济下"集群—价值链升级"研究的新领域。③虚拟产业集群理论。1997年，在欧盟EU-SACFA研究计划课题组正式提出的虚拟集群概念基础上，研究消费互联网从需求侧引致商业模式优化、流通效率提高等作用（Brown et al.，2001）；2008年金融危机后，西方国家加快"再工业化"进程，转而重点研究产业互联网从供给侧促进创客制造革命（安德森，2015）、拓展竞争边界（Porter et al.，2014）、重塑竞争战略的规则（Alstyne et al.，2016）等路径，探索了数字经济下"集群—价值链升级"的实现方式。其中，B2B型产业互联网平台创建了一个由平台企业和参与交易的买卖方企业构成的典型双边市场，利用信息技术打破时间和空间的限制开展电子商务，促使企业之间的交易更加透明和高效，降低交易成本（田敏等，2024），成为产业互联网应用的最主要形式之一。

1.2.2　国内外研究动态

上述对学术史的梳理表明，产业集群的虚拟转型是助推产业转型升级的新趋势。本研究从产业互联网的视角来把握这一趋势，重点掌握虚拟集群与产业组织创新、虚拟集群价值创造机制与产业互联网演变、产业互联网与制造业转型升级关系三个主要方面的研究动态。

1. 虚拟集群与产业组织创新

一是组织形式。虚拟集群能缩短分工的心理距离，以组织接近替代地理接近，促进成员结构多元化，呈现线上和线下融合的形态，从大规模生产方式向面向消费者的柔性生产模式转变，可以无边界发展；虚拟集群依托平台形成，平台是企业，并且和集群没有边界，平台建设和管理对集群至关重要（陈剑锋等，2002；罗珉等，2015）。二是运行机制。虚拟集群呈现市场与科层相融合的分工机制，各成员在平台规制下用模块化关联、社群化运作进行联盟价值创造（陈小勇，2017）。

2. 虚拟集群价值创造机制与产业互联网演变

虚拟集群比传统集群具有更大的扩展弹性（Rayport et al.，1995；周振华，2003）。它将垂直整合型分工升级为任务合作型分工，企业之间、企业与消费者之间灵活赋能，快速实现资源跨地区跨行业整合来分享市场机遇（吴秋明等，2008；何大安等，2018），是以数据分析为核心的共享合作产业生态系统（Jacobides et al.，2018），可比任何传统产业组织更有效地配置资源（金帆，2014）。与消费互联网强调用户规模的快速增长不同，产业互联网更强调用户深度参与价值共创实现效率提升。它面向生产管控、协同创新、服务创新、创业创新和公共支撑等场景生发（王建伟，2018），具有"资讯信息—电商交易—产业链集成服务—产业链创新与治理平台"的演进路径（王如玉等，2018；于立，2020；王玉荣等，2021），每个平台的发展都会经历不同的特定阶段，每个阶段都会对企业客户价值提供支持。田霖等（2021）提出，要在剖析不同行业、不同企业、不同技术、不同供求的前提下，研究产业和市场特性如何左右以产业互联网为代表的虚拟集群演化方向。毛其淋等（2023）提出，互联网发展显著产生了库存削减和调整，是进行企业资源配置优化和经济高质量发展的重要传导机制。

近年来，伴随着互联网转型进程的加快，产业互联网的发展态势与演进规律成为学界研究的新热点。一是产业互联网的内涵与作用。宋华（2018）认为，产业互联网的最终目的是形成决策智能化、主题生态化、活动服务化和管理可视化的现代供应链。梅农等（Menon et al., 2020）将产业互联网平台界定为当主体涉及产业链中的消费者和生产者时，能够为用户企业提供额外价值的技术形式。任保平（2020）认为，崭新的经济创造路径促使产业互联网时代产生新的变化，尤其在供应链角度实现生产者与消费者的直接联系，推动信息生态化的商业模式实现。二是产业互联网的发展模式。马永开（2020）提出，产业互联网与消费互联网发展的着重点不同，前者则注重效率提升，后者强调规模增长。杜华勇等（2021）阐释了产业互联网平台启动、成长和拓展三阶段特征，认为其遵循先提质量再扩规模的发展路径。黄雪等（2023）指出，商业系统以产业互联网作为承载核心时，能够有效地实现产业链条的可触达性，平台场景创新将能推动商业系统的更新演化进程。

3. 产业互联网与制造业转型升级

（1）产业互联网与制造业创新

这一领域聚焦探讨产业互联网与制造业创新之间的关系。梅森等（Mason et al., 2008）认为，中小企业虚拟集群成员沟通能够加速促进知识共享和产业集群发展。亚历山大等（Alexander et al., 2013）关注了由九个中小企业组成的一个巴西制造业虚拟集群，发现它能增加产品创新。陶娟（2016）分析了深圳科通集团从主导构建珠三角电子元器件电商平台向全球性智能硬件创新虚拟集群跃迁，进而带动传统电子制造业升级的历程。段玉婷等（2021）研究发现，产业互联网能够正向调节企业创新竞合网络及其绩效关系。究其原因，产业互联网通过产生虚拟集聚效应，引发传统产业变革，显著减少研发活动的人力投入与资金损失。数字赋能可通过降低成本与实现开放式创新两种方式提高制造企业创新效率（孟卫军等，2022），企业数字化转型对研发投入的提升也存在显著影响（王昱等，2024）。研发创新效率的提高及研发成果的应用可以推动企业产品产出质量的提升，从而增加高端产品的市场份额（齐秀辉等，2021）。

（2）产业互联网与制造业资源配置优化

这一分支侧重研究产业互联网对制造业各种资源和要素配置优化的影响机制和路径。朱华友（2015）阐释了以"实体商城+网上商城"为平台的"虚实"价值链协同对诸暨珍珠产业集群竞争力的积极效应。在企业实践层面，吴义爽（2016）以青岛红领服饰和佛山维尚家具的定制平台为例，探索了大规模智能定制的实现机理。宋华（2018）探讨了深圳创捷公司构建虚拟集群创新供应链金融模式以缓解融资约束与提升区域智能手机产业竞争力的关联。

（3）产业互联网与制造业企业价值强化

部分学者针对产业互联网提升企业整体价值的机制和效应进行研究。唐国锋等（2020）认为，工业互联网能够有效缓解传统制造业价值创造中的阻碍性问题，如价值低级固化、创造能力欠缺及共创动力不足等。陈慧等（2022）基于中国制造业上市企业数据，揭示了生产组织平台化对企业价值创造能力的提升作用，提升作用主要来自拓宽信息获取渠道、满足客户多样化需求及有效降低贸易成本。卢福财等（2023）采用中介效应检验得出工业互联网通过提升企业成长性来促进价值创造的结论。张天悦（2024）通过构建计量模型，考察产业互联网对高端制造业企业价值的影响，发现产业互联网作为新型基础设施，对企业价值的提升具有显著的正向影响，在替换被解释变量及排除其他国家政策影响的稳健性检验后结论仍然成立。异质性分析发现，产业互联网对高端制造业企业价值的提升在沿海地区及仪器仪表制造业中作用明显。

（4）产业互联网与制造业出口行为提质

部分学者聚焦出口贸易提质、增效和抗压，通过实证分析探讨了 B2B 商业模式及其电子商务平台应用对制造业升级的作用效果。浦正宁等

（2022）基于实证分析，证实了电子商务平台对制造业企业出口业绩具有显著的正向影响，传导机制来源于品牌国际化程度和企业贸易边界宽度的提升。张鹏杨等（2023）以"企业是否加入跨境电商平台"为调节变量，发现以加入跨境电商平台为典型代表的数字化转型和产业互联网应用能够有效提高企业抵御不利于出口的冲击的韧性。

（5）产业互联网与企业实物期权价值

迈尔斯（Myers，1977）认为，企业价值源于现有资产的应用及对未来投资机会的选择权，未来投资的选择权即为实物期权。而当外部的不确定性越强时，实物期权的战略柔性越大。实物期权的战略柔性是指当经济下行时延迟期权能够有效降低风险，当市场向好时增长期权能有效推动企业繁荣。目前，采用实物期权战略柔性解释经济不确定性的相关研究较多。王贞洁等（2023）分析了在经济政策不确定的背景下，用实物期权理论解释在不确定性状态下如何进行资源配置，分析发现提高市场化水平、发展数字金融及放松卖空管制均能有效抑制经济政策不确定性对企业资本配置效率的负面影响。此外，孙磊华等（2024）研究发现，技术环境不确定性影响企业创新具有"等待抑制"与"增长促进"两种机制，企业选择当下投资便等同于放弃"等待"的价值，在后期行使更好投资机会的权利是当前投资的机会成本。郑征（2020）的研究结果显示，机构投资对于企业经营具有战略柔性作用：当企业受到机构投资者的投资，一方面，机构参与企业经营活动中有效监督与优化参股企业、减少企业违规行为，提升企业实物期权价值；另一方面，机构可能通过参股或控股方式，获得控制权，侵占目标企业利益，导致机构与企业利益冲突，出现"隧道挖掘"效应，减少企业实物期权价值。由此可见，产业互联网是具有调节资源配置、技术创新、投融资等特征的平台，赋予了企业增长期权和延迟期权，提升了企业运营和决策弹性，提升企业业绩上升的潜力，也能有效降低企业业绩下行的风险（尹国俊等，2021）。

1.2.3 研究述评

相比已有研究，本研究的边际贡献主要体现在以下几个方面。

一是从理论上就产业互联网影响制造业转型升级的机制进行更深入地探索。已有文献主要围绕具体案例探讨产业互联网影响制造业转型升级的特殊形式，或者主要分析产业互联网影响制造业转型升级的不同方面如创新、资源配置、企业价值和出口行为的特殊机制。而从破解制造业转型升级困境的现实诉求出发，针对产业互联网影响制造业价值链网络化升级的一般机制则少有深入研究，即对这种作用的内在机制和实际效应是什么，怎样在实践中充分发挥这一作用，需要认真探索。本研究把握虚拟集群发展与制造业价值链网络化升级的前沿趋势，从两者的有机结合入手，就产业互联网对制造业转型升级的影响机制进行梳理与归纳，构建"成本—收益"综合分析框架，区分了贸易成本缩减及企业成长拉动两种效应，以丰富数字经济背景下制造业转型升级影响因素的理论研究。

二是对产业互联网影响制造业转型升级的因果推断和经验研究进行新的设计。一方面，是研究对象的改进。少量已有相关研究主要基于上市公司数据进行分析，但此类公司大多属于行业龙头企业或发展标杆。一般而言，制造业的主体仍是广大中小型企业，而它们也是产业互联网的主要服务对象，大量中小型企业限于自身发展条件等因素，不具备自建平台进行数字化转型的能力，主要采用参与融入的方式加入产业互联网平台。因此，中小型制造业企业对于产业互联网施加的作用效果会更加敏感，以这类企业为实证研究对象将更有利于克服使用上市公司数据所带来的识别困难。本研究采用以中小型制造业企业为主体的微观企业数据，并考虑其主要为非上市公司的特征，利用企业登录进驻产业互联网平台作为处理事件，构建双重差分模型（Difference in Differences，DID）识别产业互联网影响制造业转型升级的因果效应，可望改进该领域研究的实证研究设计。另一方面，是研究视角的创新。本研究把握我国经济从"高速增长阶段"转向"高质量发展阶段"的重要时代特征，探索性地从实物期权的视角出发，通过实证分析揭示了产业互联网对制造业企业提升上行潜力或抵御下行风险的独特作用和独特效果，为应对内外部环境复杂性、严峻性、不确定性交织冲击和保持经济运行在合理区间，提供了切实可行的数字经济解决方案。

三是在制造业转型升级导向下对产业互联网的发展路径进行新的研究。发展路径是产业互联网对制造业转型升级产生积极作用的关键"桥梁"，针对产业互联网与消费互联网服务对象需求的异质性程度不同，我国产业互联网如何摆脱简单模仿先发展的消费互联网外延型发展路径，走出更合理的内涵型发展路径，从而化解难以有效匹配和支撑制造业转型升级需求的现实矛盾，这方面也少有深入研究，值得我们认真探讨。本研究紧密围绕产业互联网各个阶段发展目标、功能定位和核心任务，对技术密集型、资本密集型和劳动密集型等重点制造业产业互联网平台的成长演变历程进行案例剖析，进而构建有利于制造业转型升级的产业互联网发展实现路径，为助推产业互联网发展有效"落地"提供可行决策参考。

1.3 研究意义和主要创新点

1.3.1 研究意义

学术价值。本研究把握虚拟集群发展与制造业价值链网络化升级的前沿趋势，从两者有机结合入手，研究产业互联网对制造业转型升级作用的一般机制，丰富和发展数字经济背景下产业集群与产业价值链升级关系的理论和实证研究。

应用价值。本研究探寻制造业转型升级导向下我国产业互联网发展存在的问题、实现路径与支撑体系，为我国推动数字经济和制造业深度融合，深化供给侧结构性改革，打好产业基础高级化和产业链现代化攻坚战提供了新的决策参考。

1.3.2 主要创新点

推动学术思想创新。在已有成果主要研究产业互联网影响制造业转型升级的特殊形式基础上，本研究进一步从制造业价值链网络化升级的现实诉求出发，探索产业互联网影响制造业转型升级的一般机制和作用效果，为数字经济背景下产业集群与产业价值链升级理论研究拓展新的学术思想。

推动学术观点创新。在我国互联网经济正从消费互联网向产业互联网加速演变的背景下，已有成果对产业互联网功能与制造业转型升级高异质性需求的匹配矛盾及其原因关注不足。本研究从更有效地推进制造业价值链网络化升级出发，阐发我国产业互联网健康发展的"五维"路径，为产业互联网与制造业转型升级的理论和实践研究提供新的学术观点。

1.4 研究内容与研究方法

1.4.1 研究内容

本研究构建产业互联网与制造业转型升级的理论分析框架，找准我国制造业转型升级导向下产业互联网发展的特征和"痛点"，提出产业互联网发展的正确方向、实现路径与支撑体系，更加有效地推进我国制造业转型升级。本研究的框架是：①问题提出。从我国制造业转型升级的现实困境出发，以虚拟集群理论、产业价值链升级理论融合创新为基础，构建产业互联网对制造业转型升级作用的理论框架和实际效应检验，并进一步引出我国产业互联网功能与制造业转型升级需求错配问题。②原因分析。考察我国产业互联网发展现状，说明原有发展路径的现实表现和导致的问题，探寻其抑制对制造业转型升级促进作用的深层原因。③解决对策。根据理论框架和现实分析，围绕我国制造业转型升级的目标诉求，阐明对我国产业互联网发展路径作出科学设计的重要性和必要性，进而在对技术密集型、资本密集型和产业密集型等重点制造业产业互联网平台成长演变历程进行案例剖析的基础上，提出我国产业互联网发展的实现路径与支撑体系，构建有利于制造业转型升级的产业互联网发展新格局。

根据上述思路，本研究的主要内容如下。

第1章是研究背景。阐述本研究提出的问题，从学术史梳理和研究动态两个方面进行文献述评，进而阐述研究意义和主要创新、研究内容和研究方法。

第2章研究我国产业互联网发展历程及现状。在回顾产业互联网发展历史演进的基础上，考察和介绍我国产业互联网发展现状。

第3章研究产业互联网对制造业转型升级的作用机制。根据产业互联网的价值来源，以企业这一产业互联网的主要服务对象为基本单元，分别阐释产业互联网发展对中小企业和上市企业转型升级的作用机制。

第4章承接上一章的内容，展开对我国产业互联网发展对制造业转型升级的作用效应研究。运用主流的因果推断经验研究策略——双重差分模型，实证分析产业互联网对中小企业报酬增值能力的提升效应，以及对上市公司实物期权价值的影响效应。

第5章分析制约我国产业互联网发展的因素。重点从产业互联网平台数量少且知名度普遍偏低、大部分平台赋能作用不强、数实融合深度不够等方面展开探讨。

第6章是制造业转型升级导向下促进我国产业互联网发展的路径研究。首先，分别围绕技术密集型（汽车）、资本密集型（钢铁）、劳动密集型（轻工业）制造业的典型产业互联网平台发展路径进行案例分析，深入总结发展规律。其次，从"夯实基础、搭建平台、深化应用、构建生态、国际化拓展"五个维度，设计更好服务于制造业转型升级的我国产业互联网发展路径。最后，以广西为例，将上述路径设计应用于区域产业互联网发展实践，为数实融合创新突破提供决策参考。

第7章提出制造业转型升级导向下促进我国产业互联网发展的保障措施。主要是保障产业互联网发展的要素供给，构筑产业互联网可持续发展的产业生态。

1.4.2 研究方法

1. 规范研究方法

本研究在我国产业互联网发展历程及现状、产业互联网对制造业转型升级的作用机制、我国产业互联网发展存在的问题和制造业转型升级导向下我国产业互联网发展路径设计和保障对策等多方面的研究中，以微观经济理论、产业集聚理论、产业价值链升级理论及其综合运用为基础，通过演绎和归纳的规范研究方法得出相关结论，以更深刻地揭示产业互联网发展与制造业转型升级之间关系的规律。

2. 实证研究方法

本研究运用主流的因果推断经验研究策略，构建双重差分模型，将制造业企业作出登录进驻产业互联网平台的决策作为冲击事件，实证分析产业互联网对中小企业报酬增值能力的提升效应，以及对上市公司实物期权价值的影响效应，检验产业互联网对制造业转型升级的影响效果和机制，从而为制造业转型升级导向下进一步促进我国产业互联网发展提出对策思路。

3. 案例选取和调查研究方法

本研究依托产业互联网与制造业转型升级的理论和实证研究成果，结合部分实地走访或调查，选取技术密集型（汽车）、资本密集型（钢铁）和劳动密集型（轻工业）制造业的典型产业互联网平台发展路径进行案例分析，深入总结发展规律。此外，通过调研分析，围绕广西应用产业互联网推动制造业转型升级的路径及对策开展案例研究。

4. 比较分析方法

本研究在实证研究部分，通过不同区域和不同产权性质等特征的制造业企业分组回归分析，比较产业互联网对制造业转型升级的影响异质性，使实证结论更加深化；在我国产业互联网发展存在的问题研究部分，通过相关区域比较，分析产业互联网平台空间布局不均衡等现象和问题。

第 2 章 我国产业互联网发展历程及现状

2.1 产业互联网发展历史演进

近年来，产业互联网是全球技术进步和工业升级的一颗璀璨明珠，其以深度融合信息技术和传统产业为基石，为产业结构的优化升级和生产效率的提升注入了强大动力。下文将详细探讨产业互联网的历史演进，并结合国内外的发展情况进行深入阐述。

2.1.1 产业互联网概念的形成

产业互联网的概念最初源于美国，其基本思想是利用互联网技术来优化产业链、供应链和价值链，实现产业的数字化、网络化和智能化。随着互联网技术的迅猛发展，一些国家开始探索将其应用于传统产业中。2000年，硅谷的沙利文咨询公司提出"工业互联网"的概念。2012年，美国通用电气公司（GE）将其应用于实践，希望在业界互联互通的基础上，用"工业互联网"来"打破智慧与机器的边界"。在中国学术界，"产业互联网"与"消费互联网"这一对术语自2014年首次提出便紧密相关。消费互联网主要服务于终端消费者，而产业互联网则面向广义的企业用户，包括企业、教育机构、医疗机构及政府部门等。中软国际有限公司青蓝资本创始人任刚认为，消费互联网是产业互联网的一个子集，后者不仅包括面向消费者的前端业务，还涵盖面向企业的后端业务。产业互联网通过技术革新推动产业升级，实现生产、管理和营销的全新模式。它不仅将互联网技术应用于传统产业，更重要的是通过数据共享和智能化管理等手段，实现产业链各环节的协同和价值创新。

2.1.2 国外产业互联网的发展

美国是产业互联网发展的先行者。作为互联网技术的发源地之一，其在产业互联网领域也处于领先地位。美国通用电气公司建设了 Predix 工业互联网平台。Predix 工业互联网平台从自身设备的数字化运维和网络化贯通入手，跨越产品生命周期及整个价值链，以解决传统行业难以解决的质量、效率和能耗管控等问题，推动了制造业的智能化。美国政府大力支持产业互联网的发展，推出了一系列政策措施，如建立专业机构和提供资金支持，以促进产业互联网技术的研究和应用。谷歌公司、亚马逊公司、苹果公司等科技巨头在推动产业互联网发展方面发挥了重要作用。例如，亚马逊公司通过其云计算服务 AWS 为各行业提供基础设施支持，加速了产业互联网的普及和应用。

欧洲各国也积极推动产业互联网的发展，德国则提出了"工业 4.0"战略，将产业互联网视为实现"工业 4.0"的关键驱动力，强调制造业数字化和智能化转型。德国作为制造业强国，在产业互联网方面也取得了重要进展，通过引入智能制造系统，积极采用物联网技术、工业自动化和数据分析，实现生产过程的优化和高度灵活性，将信息化和工业化深度融合。德国的"工业 4.0"强调智能工厂和智能生产，通过引入互联网技术改造传统制造业，实现生产过程的智能化、灵活化和个性化。

日本推行的"产业价值链战略"重点在于通过信息通信技术（Information and Communications Technology，ICT）提升制造业的价值链。日本通过推动数据共享和业务协同，优化供应链管理和生产流程，提升产业竞争力。

2.1.3 国内产业互联网的发展

中国互联网在发展的初期满足了人们信息获取的需求,在 WEB2.0 时代,人们主动进行信息交流与分享,社交需求促进了腾讯公司的崛起。此外,线上信息渗透至线下,促进了网络购物,助力了阿里巴巴集团的成长。随着交易平台的兴起,交易形式从商品所有权到服务与使用权,共享经济平台整合资源,匹配需求与供给。互联网以上几个阶段的发展都是由消费端发起和推动的。互联网在这几个阶段可称为消费互联网。随着消费互联网发展逐渐进入成熟阶段及持续的消费升级,需求侧的发展不断推动产业供给侧的改革。产业供给侧结构性改革的产业互联网平台型企业应运而生。一方面,通过互联网对传统产业链进行整合优化,打通供销通道,去除不增值的冗余环节,通过信息连通,供需匹配,建立新模式下的产业价值网络连接;另一方面,以共享经济模式汇聚产业服务资源,对产业链上下游企业进行技术、金融等赋能,带动产业链整体转型升级。相较于消费互联网,产业互联网更注重整个产业链各个环节之间的连接,以实现资源优化配置、生产流程的智能化管理和灵活的供应链协同。

中国是全球制造业大国,在产业互联网领域取得了长足进步。2015 年,中国政府提出了"互联网+"战略,将互联网与各行业深度融合,推动传统产业升级转型。随着该战略的提出,产业互联网被纳入国家战略。2018 年,国家发展改革委发布了《关于促进产业互联网发展的指导意见》,进一步明确了政府的支持政策和发展方向,鼓励企业加大对产业互联网的投入和创新,推动传统产业向数字化、网络化、智能化方向转型升级。同时,中国的互联网巨头如阿里巴巴、腾讯、华为等公司也积极布局产业互联网领域,通过技术创新和生态建设推动产业数字化转型。传统制造业企业也积极响应国家政策,加速推进数字化、智能化改造,提升竞争力。

中国产业互联网的发展主要体现在平台建设、实践应用及制度创新三个方面。在平台建设方面,中国的互联网巨头如阿里巴巴、腾讯、华为等公司积极推动产业互联网平台的建设。例如,阿里巴巴集团的"云智能"

服务为各行业提供了全方位的数字化解决方案，包括物联网、大数据分析、人工智能等，助力企业加速数字化转型。腾讯公司的"工业互联网"平台致力于构建数字化生态系统，推动产业互联网的跨界融合和创新发展。华为公司作为全球领先的 ICT 解决方案供应商，通过其"智能制造"解决方案，为制造业企业提供数字化、智能化的生产管理服务，助力企业提升竞争力。在实践应用方面，中国的产业互联网正在各个行业得到应用。以制造业为例，通过物联网技术实现设备的远程监控和智能化管理，提高了生产效率和产品质量；通过大数据分析优化生产计划和供应链管理，降低了成本和库存压力。另外，产业互联网也在服务业、农业、交通运输等领域展开了深入应用，推动了各行业的数字化转型和智能化升级；在制度创新方面，中国政府积极出台了一系列支持产业互联网创新和应用的政策，如"数字中国"建设、《中国制造2025》等，为产业互联网的发展提供了重要保障，从而推动了产业互联网的发展。

2.1.4 产业互联网的影响

产业互联网的发展不仅在经济层面带来了新的活力，也在社会层面带来了深远的变革。产业互联网为经济增长注入了新的动力，通过信息技术与互联网平台的精妙融合，充分发挥了互联网在生产要素配置中的独特优势，实现了互联网的创新应用与传统产业的深度融合。产业互联网将其创新成果渗透进国家的经济、科技、军事及民生的每一个角落，通过大数据分析优化生产计划和供应链管理，降低了成本和库存压力，极大地促进了生产力的发展。随着企业对数字化的逐步觉醒，产业互联网的经济价值日益显现，根据国家统计局的数据，中国制造业的数字化转型已经取得显著成效，数字经济对国内生产总值增长的贡献率不断提升。除带来显著的经济效益，产业互联网的普及和应用在社会效益方面也产生了深远影响。其促进了劳动力质量的提升，并激发了中小企业的创新创业活力。在这样的背景下，产业互联网不仅是技术进步的象征，更是现代社会发展的加速器。

2.2　我国产业互联网发展现状

随着互联网技术的快速发展及传统行业转型升级的加速,互联网正在对传统产业产生深远的影响。传统产业的互联网化发展成为必然趋势,并且随着相关政策和技术的落地,已经取得了显著的成效。产业互联网涵盖了从研发、生产、销售到协同合作等在内的各产业链环节,为整个产业链流程带来了全方位的重塑。

2.2.1　"互联网+"传统产业融合加速推进

互联网技术的快速发展使传统产业与互联网深度融合成为可能。通过互联网技术的应用,传统产业可以更好地利用信息技术,提高生产、管理和营销效率,实现产业升级。

在制造业企业中,通过引入互联网技术,企业可以实现生产过程的智能化和自动化,从而提高生产效率、降低生产成本。智能制造技术可以精确控制生产线的每一个环节,实现定制化生产,满足市场的多元化需求。同时,物联网技术的应用使设备之间的互联互通成为可能,这为企业的生产和管理提供了更加便捷、高效的方式。通过互联网平台,企业可以实现对供应链、库存、销售等各个环节的实时监控和管理,提高决策的准确性和时效性。这种管理方式不仅降低了企业的运营成本,还提高了企业的市场响应速度,增强了企业的竞争力。此外,互联网还为传统产业的营销带来了革命性变化。通过电商平台,传统零售业可以打破地域限制,将产品销往全国乃至全球各地,极大地拓宽了销售渠道。并且互联网营销的方式更加多样化和个性化,企业可以通过大数据分析消费者的需求和偏好,制定更加精准的营销策略,提高销售效果。

2.2.2 互联网驱动的新业态不断涌现

传统产业互联网化不仅对传统行业的传统业务模式进行改造，也带来了许多新的业态，为经济发展注入了新的活力和动力。互联网技术的广泛应用为传统产业带来了新的商业模式和经营方式。例如，传统的零售行业通过与电商平台合作，实现了线上线下的融合，不仅拓宽了销售渠道，还提升了消费者体验。同时，通过大数据分析、精准营销等手段，企业能够更好地把握市场需求，提供个性化的产品和服务，从而满足消费者的多元化需求。互联网技术的创新应用也催生了新的产业形态。例如，共享经济通过互联网平台实现了资源的共享和优化配置，降低了社会成本，提高了资源利用效率。这些新业态利用互联网的力量，改变了传统服务行业的交易方式和供需关系，提高了社会资源的利用效率。

2.2.3 云计算和大数据成为核心支撑

云计算和大数据技术的发展将成为传统产业互联网化的核心支撑。云计算技术可以提供可扩展的计算资源和存储空间，满足传统产业海量数据的处理需求；大数据技术可以挖掘数据中潜在的商业价值，帮助企业进行精细化管理和提供个性化服务。云计算作为一种基于互联网的计算模式，为产业互联网提供了强大的计算能力和存储空间。通过云计算平台，企业可以按需获取和使用各种计算资源，包括服务器、存储、数据库等，无须购买和维护大量的硬件设备。这大大降低了企业的运营成本，提高了资源的利用效率。同时，云计算的弹性扩展能力也使企业可以根据业务需求随时调整计算资源的使用量，更好地应对市场变化。大数据是产业互联网的另一个核心支撑。通过对海量数据的收集、存储和分析，企业可以深入了解市场趋势、消费者需求及业务运营情况，从而作出更明智的决策。大数据在供应链优化、人力资源配置、产品研发等方面都发挥了巨大作用，为企业的业务发展提供了有力的支持。在产业互联网中，云计算和大数据的结合更是发挥了巨大作用。云计算为大数据处理提供了强大的计算能力和存储空间，使大数据的分析和处理变得更加高效和准确。大数据的分析结果则可以为云计算的资源调度和优化提供重要的参考依据，这进一步提升了云计算的性能和效率。

2.2.4 人工智能的应用进一步拓展

人工智能作为一项关键技术，将进一步推动传统产业的互联网化进程。通过人工智能技术，传统产业可以实现智能化生产和管理，提高生产效率和产品质量。同时，人工智能还可以帮助企业进行数据分析和预测，准确把握市场需求，提供个性化的产品和服务。

在智能制造领域，人工智能技术的应用正在逐步深化。通过引入机器学习、深度学习等技术，企业可以实现对生产过程的智能化监控和优化，提高生产效率和质量。人工智能还可以帮助企业在产品设计、工艺规划等方面实现创新，提升产品的竞争力和附加值。在智慧物流领域，人工智能也发挥着越来越重要的作用。通过利用大数据和人工智能技术，企业可以实现对物流信息的实时跟踪和预测，优化物流路径和运输方式，降低物流成本和提高物流效率。同时，人工智能还可以帮助企业在库存管理、订单处理等方面实现智能化决策，提升供应链的整体效能。

随着技术的不断进步和应用场景的不断拓展，人工智能在产业互联网中的应用将更加广泛和深入。未来，人工智能将与云计算、大数据等技术更加紧密地结合，共同推动产业互联网的创新发展。

2.2.5 区块链技术助力传统产业改革

区块链技术作为一项能够保证数据安全和信任的新兴技术，将成为传统产业互联网化改革的重要驱动力。通过区块链技术，传统产业可以实现数据的去中心化存储和传输，提高数据的安全性和可信度，促进跨机构、跨平台的互联互通。在供应链优化方面，区块链技术可以应用于供应链的透明化和可追溯性。通过将供应链中的各个环节信息记录在区块链上，可以确保信息的真实性和不可篡改性。这有助于企业及时发现供应链中的问题，提高供应链的可靠性和效率。同时，消费者也可以通过区块链技术了解产品的来源和生产过程，增加对产品的信任度。在智能合约管理方面，智能合约是区块链技术的重要应用之一，它可以在满足一定条件时自动执行合约条款。对于传统产业而言，通过智能合约可以实现合同的自动化管理和执行，降低合同纠纷的风险和成本。同时，智能合约还可以用于供应链管理、数字版权保护等领域，提高管理的智能化水平。

2.2.6 全产业链协同变革

在互联网浪潮的推动下，产业互联网正在深刻改变着企业的运营模式和产业的整体格局。在企业内部，产业互联网的应用已经从简单的信息化工具逐渐转变为提升组织协同和沟通效率的关键平台。通过云平台办公，企业能够实现多组织间的无缝衔接和高效协作，极大地提升了工作效率和决策质量。

在产业层面，产业互联网更是展现出其强大的连接和整合能力。一方面，它将电子商务、互联网金融、智能生产、移动办公等原本独立的应用领域紧密地连接在一起，形成了一个相互依存、相互促进的生态系统。另一方面，产业互联网还将产业链的上下游企业紧密地联系在一起，打破了信息孤岛，实现了产业链各环节之间的信息共享和协同。以汽车交易平台为例，这一平台产生的海量信息，通过互联网的分析和传播，不仅能够指导汽车厂商的生产制造，使其更加精准地把握市场需求，还能够为上游零件商和材料商提供研发与供应的参考，推动其产品和技术的创新。同时，这些信息还可以用于下游洗车店、汽车维修保养店的布局优化，提升服务质量。此外，金融机构也可以根据这些信息设计更具有针对性的销售贷款、保险等金融产品，甚至政府部门也可以利用这些数据进行车辆与交通管理，提升城市运行效率。

这种环环相扣的信息共享和协同使每一环产生的信息都能够发挥出更

大的价值，实现信息的倍增效应。未来，产业互联网将继续推动全产业链的协同变革，打造一个共生共荣的产业生态圈。在这个生态圈中，各个环节将实现更加紧密的联动和协同，共同推动产业的创新和发展，实现多方共赢的局面。

产业互联网的发展已经取得了显著成效，未来还将面临更多的机遇和挑战。云计算、大数据、人工智能和区块链等新兴技术将成为传统产业互联网化发展的重要支撑。互联网与实体经济的深度融合也将成为必然趋势，成为我国制造业转型升级的重要推动力。

第 3 章 产业互联网发展对制造业转型升级的作用机制

3.1 产业互联网的价值来源

王树祥等（2014）认为，产业互联网通过订单需求驱动企业内部生产，实现产业链、供应链和价值链的高效协同，打破了传统产业布局的局限性。罗珉等（2015）较早提出产业互联网的价值来源于社群平台。结合两者观点可以得出：产业互联网通过社群形成的平台经济效应带动群体形成价值矩阵，从而提高企业价值。随着产业互联网的深入发展，杜华勇等（2021）指出，消费互联网时代正拓展为产业互联网，但互联网平台的本质依然是用户体验。产业互联网对于企业的作用不容小觑，产业互联网与数字经济相互交融，产业互联网通过数字经济促使制造业转型升级，主要表现在产业互联网促进生产制造、业务运营、销售管理方面（李春发等，2020）。在生产制造方面，企业通过产业互联网新型技术减少中间代理、降低流通费用，从而将生产制造成本降低。在业务运营与销售管理方面，产业互联网缩短了业务渠道长度、提高了业务对接效率，促使企业从生产到销售环节能以最快速度满足消费者的长尾需求。由此，企业利用产业互联网的智能终端、场景洞察和场景创造重新赋能商业模式，从而形成了新一轮企业网络竞争新业态。

3.2 产业互联网发展对中小企业转型升级的作用机制

3.2.1 贸易成本缩减效应

制造业中小企业将部分基础生产活动进行独立外包，催生出如商贸、批发、运输、运维等独立的流通服务行业。这些行业在发展过程中又对制造业进行关系性嵌入，以外部化的形式提供服务。制造业在空间集聚上呈现出经济聚集性、核心聚集性，形成多种区域组合形式，而产业互联网的出现恰好打破了区域组合的地理限制，在更加广泛的范围内整合更多样化的企业组织。作为企业网络的服务平台，产业互联网引发的企业间竞争与合作能够使企业突破原有的集群边界，实现高质量资源的互动触达，从而降低制造业部门间及行业间的商品、技术、资源的空间转移成本（本部分称为制造业贸易成本）。

1. 价值链结构性嵌入

产业互联网平台能够通过价值链嵌入降低企业贸易成本。在产业互联网的大环境下，人工与智能的融合成为制造业转型发展的重要因素。产业链上中下游企业经由大数据汇聚而成融合数据链，切实打通了价值链前后环节，实现基本活动与支持性活动的提升与创新，在提升触达效率的同时优化客户体验。针对作用路径来说，首先，产业互联网结构性嵌入制造业价值链支持性活动，提升企业信息交流顺畅性，优化内外部价值链融合机制，弥补市场交换关系、价格体系的作用盲区，通过专业化的方式提高配置效率；其次，产业互联网关系性嵌入企业基本活动，企业可以低成本、高效率的方式获取更加重要且难以通过市场机制获取的有效信息，通过规模化方式提升运营效率。对于体现形式而言，首先，产业互联网能够通过协同制造、柔性制造降低同行业企业的生产成本；其次，由于平台的垂直分布，形成相对完整的跨区域性产业供应链，有利于产业上下游企业节约物流成本；最后，基于产业互联网的便捷性、直接性，企业可降低中间产品或服务的采购成本。

2. 成本与规模经济相平衡

在未入驻产业互联网平台时，贸易成本是制造业成本控制中的主要影响因素。通过打破地理区域边界，产业互联网有效地控制了因地理空间因素而产生的多项成本，如贸易政策成本、分销成本等。虽然商品存储、运输等必要支持未得到缩减，但整个贸易环节的资金融通已经得到较大程度的改善，从而产生成本剩余，实现与企业规模经济效应的正向平衡。产业互联网平台能够通过以下两种方式降低企业贸易成本：第一，实现由实地限时的实体服务转向虚拟平台服务，打破实体经济中传统时间及地点的限制，不同地区及模式的企业能够在平台上实现随时性、跨区域的交易活动，降低企业贸易成本；第二，突破龙头企业垄断趋势，优化交易流程，提升交易成功率，缩减交易过程中非技术性支出，打破传统资本集中方的金融垄断局面，加速企业间良性竞争，降低产品需求方贸易成本。

3.2.2 企业成长拉动效应

登录产业互联网平台，一方面，能够深化企业分工，加速分工正向循环；另一方面，能够拓展市场网络，拓宽规模边界。二者结合进而实现多种正向效果，如促进企业融资、提升人力资本水平、增加产品附加值、优化管理流程、提升整体专业化水平等，营造助力企业价值提升的优良环境，最终达到企业报酬递增的效果。整个作用过程即为产业互联网对制造业中小企业成长能力的拉动效应。

一是基于产业互联网促进分工深化视角，制造业中小企业具有一定的比较优势，即具有基于自身分工水平适配性的产品优势，在进行生产决策时会适当选择更加具备规模优势及报酬递增可能性的产品。由于企业个体间发展阶段及技术水平不同,中等技术水平的制造企业能够在产业互联网影响下提升自己的产业链整合能力,进而集聚发展成门槛适当的相关集成产业,既具备分工合作的主导权,又能够获得深化分工带来的比较利益。产业互联网通过推动分工优化深化的正向循环,形成自主可控的价值架构。而较为稳定的制造业企业相对缺乏自主进化的动力。通过提高分工深化程度,可弥补产业结构优化的关键不足。产业互联网能够通过价值链重组推动分工深化的正向循环,进而产生报酬递增效果,使收益不断积累。

二是在传统发展条件下,受市场规模的限制,制造业中小企业存在动力不足、费用高昂的弊端。以企业所处产业链条为例,当产品生产和销售的优化程度不足以抵消供应链成本的增加时,就会产生有形资产低效投入的"瀑布效应"等,从而使整个生产销售环节效率降低。而产业互联网作为新型智能化服务基础设施,能够在边际回报远高于平均投入的同时,大幅拓展市场网络,拓宽企业在交易市场的触达边界。

1. 资源整合与配置的改善

产业互联网平台围绕互动耦合过程的和谐主题,通过技术资本和人力资本两个方面的主要因素的复合作用及优化升级,实现对入驻企业的成长赋能。在平台发展起步阶段,初创平台处于平台化阶段,进行基础平台建设、服务模式创新,指导企业进行资源开发,利用平台服务核心技术吸引天使资源和卓越人才,有效连接买卖双方,从而实现连接赋能。随着技术不断成熟及管理持续优化,在平台发展阶段,积极进行智慧化运营,提升交易、物流和风险控制三大体系的智慧化程度,助力企业进行资源拓展,在平台运营关键技术的扶持下,整合利用平台资源与专家经验,降低供需匹配与信息联动成本,从而实现协同赋能。

2. 企业专业化水平提升

产业互联网革新价值创造路径,有助于提升企业专业化水平。产业互联网的发展使制造业体系实现了结构重组与再造。在大数据不断发展的进程中,市场信息透明程度提高，市场氛围向公平化、协同化方向发展，市场主体受此激励，借助新技术、新应用对数据潜在价值充分挖掘，使产品技术的迭代创新更加灵活。同时，随着产业互联网覆盖面的扩大，大型制造业企业管理结构趋于扁平化，企业适应性能力及调整灵活度不断提高，中小企业不断加大创新及研发投入，积极进行模式创新的探索，企业成长性不断提升。制造业企业不仅形成高技能性、高创新性组织形态，还形成了共创式知识网络，通过激励式竞争与开放式合作，加快共享知识的溢出扩散，持续推进价值网络的重构，进而提升资源配置效率、发挥人力资本优势、优化客户响应速度、拓展产品功能等，实现企业专业化水平的有效提升。

3. 企业转型升级

制造业同样具备较为明显的空间集聚特性，在地理位置上，可以与邻近行业形成合作式集中，明显地集中于经济发展程度较好省份的城市及发展区域。在这种集聚的背景下，此地区制造业能够集聚成为技术水平较高、创新动力较足的结构形态。为了实现规模递增效应，企业本身也需要向知识型和创新型靠拢。在产业互联网平台的集聚作用下，制造业企业特别是中小企业能够加快专业技术及知识的扩散速度，加速企业在价值网络中的转型升级，从而实现资源配置效率的提升，降低融资成本并提高融资效率，向高水平、高社会化人力资本方向发展，增加产品附加价值，优化企业管理流程。以这些要素作为发展切入点，企业抓住新型生产性机会，借力产业互联网平台实现企业的转型升级。

3.3 产业互联网发展对上市企业转型升级的作用机制

迈尔斯（1977）认为，企业价值源于现有资产的应用及对未来投资机会的选择权。而未来投资机会的选择权即实物期权。而外部的不确定性越强，实物期权的战略柔性越大。所谓实物期权的战略柔性，指的是当经济下行时延迟期权能够有效降低风险,当市场向好时增长期权能有效推动企业繁荣。因此,实物期权价值的高低不仅能反映上市企业的价值,也能反映其转型升级的效果。本节将从实物期权的视角研究产业互联网对上市企业转型升级的作用机制。

3.3.1 产业互联网与企业实物期权价值

目前,采用实物期权的战略柔性解释经济不确定性的相关研究较多。王贞洁等(2023)分析了在经济政策不确定的背景下,用实物期权理论解释在不确定性状态下如何进行资源配置,发现提高市场化水平、发展数字金融及放松卖空管制均能有效抑制经济政策不确定性对企业资本配置效率的负面影响。在技术环境不确定的背景下,技术环境不确定性影响企业创新具有"等待抑制"与"增长促进"两种机制。从投资环境不确定性来看,企业选择当下投资就等同于放弃"等待"蕴含的价值,在后期行使更好投资机会的权利就是当前投资的机会成本。郑征(2020)研究表示机构投资对企业经营具有战略柔性作用。当企业获得机构投资者的投资时,一方面,机构参与企业经营活动中,有效监督与优化参股企业,减少企业违规行为,提升企业实物期权价值;另一方面,机构可能通过参股或控股方式,获得控制权,侵占目标企业利益,导致机构与企业的利益冲突,出现"隧道挖掘"效应,降低企业实物期权价值。由此可见,产业互联网是具有调节资源配置、技术创新、投融资等特征的平台,赋予了企业增长期权和延迟期权,提高了企业运营和决策弹性,既能提升企业业绩,又能有效降低业绩下行风险。

3.3.2 产业互联网影响企业实物期权价值的传导路径

1. 数实融合效应

数实融合的本质是数字技术在实体经济中的应用与扩散。现有研究已验证工业互联网平台与数实融合呈正相关,揭示了工业互联网平台发展水平对产业融合的作用机理。数字平台推动企业数字化转型,夯实了数字经济与新型工业化融合的基础。同时,数实融合打造新型实体经济,强化数字经济与新型工业化融合的深度。由产业互联网形成的数字经济与实体经济融合,利用产业链协同效应突破生产困境,助力搭建企业生产性平台,实现要素合理流动,加强企业间合作,有效规避业绩风险。因此,将这一系列变动称为数实融合效应。

(1) 实现全链协同

数字技术突破了传统制造业生产瓶颈,通过互联网技术重构产业链和商业格局。企业利用产业互联网实现资源的跨时空联系,加强产业内合作,促进产业间生产要素和资本要素的流动,企业由此实现产业内外要素渗透交融。数字经济与实体经济深度融合,是建立在全产业链资源优化的基础上,利用集成网络实现纵向和横向的网络协同生态。在研发生产、生产制造、物流供应、实施交付等环节,都具有较高水平的智能化协同,并在大数据的基础之上,不断完善生产性功能,利用产业互联网实现智能生产,实现新一轮的数实融合。

(2) 推动生产性服务平台化

传统的制造企业实现数字化转型,需要投入大量的成本、时间和人力,且互联网行业技术日新月异,形成了较高的转型壁垒。而产业互联网平台为传统制造企业数字化转型提供了便捷的生产性服务平台。产业互联网平台整合了行业生态、解决方案、资讯信息、各类软件即时服务等资源,降低了制造企业数字化转型的门槛。不同的生产性服务厂商,可以利用平台提供的应用程序接口进行能力调用,实现灵活的、可定制并可快速搭建的生产性服务供应,帮助企业以低成本快速试错,更好地适应竞争环境。

2. 交易效率提升

在新古典经济学中,斯密-杨格定理指出:"分工取决于市场规模,而市场规模又取决于分工,经济进步的可能性就存在于上述条件之中。"随着互联网技术的发展与平台经济的兴起,在产业互联网上进行交易成为绝大多数企业的选择，交易成本快速下降，深刻地影响了传统时代的专业化分工。互联网技术可以突破交易的时间和空间限制，产生"长尾现象"，提升商品流通效率，提高交易效率。交易效率提高又促进了产品融合、技术融合和市场融合，而产业融合发展的出现又必然形成新的分工，资本深化和交易成本的降低驱动企业绩效提升，缓解企业业绩下行风险。

（1）改善企业内部组织效率

原有的企业要素流转要通过采购、研发、生产、销售、市场、物流和售后等环节，信息流转效率低、反馈速度缓慢，进而导致企业内部各个环节之间的协同程度不够理想。产业互联网利用信息的扁平化、透明化、高效化传递，打破了传统的金字塔型信息要素流通模式，促使信息能根据工作场景的变动自由传导。企业信息依托于产业互联网进行网络流动，各环节个体的自主权得到加强，组织内各环节的管理模式得以重构。当经营决策、环境变化时，各部门主体可以通过产业互联网平台信息高效组织应对措施，改善企业内部组织效能，提升企业价值并提高风险应对能力。

（2）提升专业化分工效率

产业互联网通过实现数据的实时共享和加强产业链上各个环节之间的连接，推动了不同环节的专业化分工和合作，进而促进了整体效率的提升。现有研究主要讨论数字化转型与专业化分工的关系。袁淳等（2021）指出，数字化转型对企业专业化分工的促进作用主要通过降低企业面临的外部交易成本来实现。曾江洪等（2023）发现，较高的企业数字化转型程度在专业化分工负向影响创新投入和正向影响创新产出的关系中均能发挥强化作用。李帅娜等（2023）认为，服务业企业的数字化转型可以显著地提升其生产率，并通过机制检验验证专业化分工是服务业企业突破"生产率悖论"的可行性路径。专业化分工可以帮助企业应对挑战，通过分工，企业可以更加集中精力在核心业务上，提高业务的专业化水平，避免在不熟悉的领域盲目投入资源而产生损失。同时，专业化分工也可以使企业更快速地适应市场的变化，及时调整业务方向，减少业绩下行带来的损失。

第4章 我国产业互联网发展对制造业转型升级的作用效应研究

4.1 产业互联网对中小企业价值提升的效应分析

依托产业互联网所构建的大中小型企业"数据连接、资源汇聚、服务共享"的价值生态系统,为制造业企业价值提升提供了崭新的驱动力,特别是对于数量众多的制造业中小企业,这类企业受限于自身发展条件等因素,一般不具备自建平台进行数字化转型的能力,主要采用参与融入的方式加入产业互联网平台。因此,产业互联网平台对制造业中小企业的作用及传导路径将会有别于大型企业。本章以制造业中小企业为研究对象,采用微观企业数据,并考虑其主要为非上市公司的特征,利用企业登录进驻产业互联网平台作为冲击事件,构建双重差分模型识别产业互联网影响制造业中小企业价值的因果效应,以丰富产业互联网与制造业企业价值关系研究的成果。

4.1.1 实证检验假设

基于产业互联网发展对中小企业转型升级的作用机制分析,提出如下检验假设。

假设1:产业互联网对于制造业中小企业价值具有提升作用。

假设 2：产业互联网可以通过缩减贸易成本和拉动企业成长两个渠道提升制造业中小企业价值。

4.1.2 实证模型与研究设计

1. 计量模型构建

本部分的研究目的在于考察产业互联网平台对制造业中小企业价值的影响效果，并进一步揭示其影响制造业中小企业价值的机制和特征。设立如下 DID 计量模型：

$$\text{ROA}_{it} = \alpha + \beta \times \text{IIP}_{it} + \text{control}_{it}^{jp} + \mu_i + \lambda_t + \varepsilon_{it}^{jp} \qquad (4-1)$$

式中，i、j、p、t 分别代表企业个体、行业、地区（省份）、时间。ROA_{it} 为被解释变量，以企业总资产收益率作为企业价值衡量指标；α 为常数项；IIP_{it} 为核心解释变量，其含义为：如果企业 i 在 t 年登录产业互联网平台，那么在 t 年及之后年份均赋值为 1，其余为 0；control_{it}^{jp} 是企业及行业、地区层面一系列特征控制变量；μ_i 为企业固定效应，用于控制不随时间变化但随企业个体变化的不可观测因素；λ_t 为时间固定效应，用于控制不随企业个体变化但随时间变化的不可观测因素；ε_{it}^{jp} 是随机误差项。在式（4-1）中，系数 β 反映登录产业互联网平台与企业总资产收益率之间的因果关系，根据研究假设其估计值预期为正。

2. 研究变量设置

（1）被解释变量

目前，在大多数研究中，企业价值的估计方法主要分为三种：第一，采用资产评估专业知识对企业价值进行评估；第二，采用市场指标，如托宾 Q 等；第三，使用企业财务指标，如总资产收益率、净资产收益率等。由于本部分采用实证研究，样本容量较大，不适用第一种方法，同时由于产业互联网平台入驻企业多为非上市企业，无托宾 Q 等市场指标信息，因此本章采用第三种方法，并选取总资产收益率作为企业价值衡量指标。

（2）核心解释变量

本部分选取多个主流产业互联网平台作为产业互联网外生政策冲击的样本，产业互联网平台的取样来源于文献研究主体、独立查找搜索和各类网络排名，最终汇总为商国互联网（B2B 网上贸易平台）、中国制造网（B2B 跨境贸易平台）、一呼百应网（制造供应链产品交易平台）、我的钢铁网（大宗产品服务商）等多个产业互联网平台。核心解释变量具体设置为：将研究年份及以前登录产业互联网平台的企业作为实验组，虚拟变量赋值为 1，其余未曾登录产业互联网平台的企业作为对照组，虚拟变量赋值为 0。

（3）控制变量

控制变量的选择参考相关文献的通常设定（李小忠，2021；王广生，2022），选定企业层面控制变量如下：企业规模 lnasset，以平减后企业总资产对数衡量；资本密度 PFA，以企业固定资产总额占资产总额比重表示；财务杠杆 lev，以企业资产负债率衡量；营运能力 ATO，以总资产周转率表示。此外，还控制了地区层面的经济发展水平（国内生产总值）、外商投资 FDI、人力资本 HC 及互联网普及率 internet 等变量。其中，经济发展水平以地区（省份）人均国内生产总值的对数表示，外商投资以地区（省份）外商投资额的对数表示，人力资本以省每万名高校专任教师数衡量，互联网普及率来自国家统计局发布的历年中国统计年鉴中互联网主要指标发展情况表。

3. 研究数据说明

（1）数据来源

本研究综合考虑国内产业互联网平台功能代表性、网络排名、先进制造企业何时进驻平台信息的可得性等因素，确定商国互联网、中国制造网、一呼百应网和我的钢铁网为取样平台。进而，与中国工业企业数据库合并匹配，获取各项指标数据。基于产业互联网平台特质如成立年份和发展速度，结合企业数据可得性、数据披露完整度和质量水平，选择 2008—2013 年制造业中小企业为研究样本。

（2）数据处理

借鉴李青原等（2021）的方法对数据进行如下处理：剔除资产总额、

固定资产及其他关键变量缺失的样本；剔除总资产为 0、实收资本小于 0，利润率大于 99%，固定资产大于总资产、流动资产大于总资产及企业从业人数小于 8 人的极端样本。同时，由于交错 DID 模型处理效应的异质性会导致估计偏误，后续稳健性检验中将采用异质性-稳健估计方法。因相关方法需要，本研究剔除了 2008 年进驻平台的企业样本（5 家企业），以 2009 年及以后进驻平台的企业为实验组，共包括 413 个实验组及 22 083 个对照组企业样本，对所有连续变量进行上下 1% 水平极端值缩尾处理。所有以名义价格统计的变量均利用工业品出厂价格指数进行平减处理，以消除通货膨胀因素的影响。各个变量的描述统计结果，见表 4-1。

表 4-1 变量描述性统计结果

变量	样本数	平均数	标准差	最小值	中间值	最大值
IIP	134 976	0.008	0.088	0.000	0.000	1.000
ROA	134 976	0.105	0.256	−7.844	0.050	37.639
lnasset	134 976	8.847	1.464	4.151	8.668	16.815
PFA	134 976	0.296	0.197	0.000	0.259	1.000
lev	134 976	0.528	0.254	−0.581	0.532	7.916
ATO	134 976	2.233	3.382	0.006	1.330	212.988
国内生产总值	134 976	10.546	0.359	9.182	10.597	11.215
FDI	134 976	13.909	0.979	7.894	14.448	14.876
HC	134 976	11.650	4.555	5.016	10.186	31.617
internet	134 976	0.471	0.137	0.115	0.482	0.752

4.1.3 实证检验与结果分析

1. 基准回归分析结果

为了检验产业互联网平台对制造业中小企业价值的影响，利用式（4-1）进行双重差分估计检验，基准回归分析结果如表 4-2 所示。在估计策略上，我们首先论述了不含任何控制变量和固定效应的估计结果，之后分别在前一列基础上依次加入企业和时间固定效应、企业层面控制变量和地区层面控制变量,相关结果对应于表4-2中(2)~(4)列。研究发现,在回归分析结果中,核心解释变量IIP的系数均显著为正,说明企业登录产业互联网平台对于其价值提升具有显著的正向作用,从而印证了本研究内容。我们以第(4)列在控制了企业和地区层面特征变量及个体和年份固定效应后的估计结果为基准,来测算其经济效应。根据其估计系数可知,在样本期内,已登录产业互联网平台的制造业中小企业,总资产收益率ROA提升约1.84个百分点。此估计结果基本说明,产业互联网对制造业中小企业价值具有提升作用,因为产业互联网平台可以通过加强价值链关联、扩大共享资源池、实现知识溢出等途径有效降低企业成本或提升企业专业化水平,从而为企业价值提升提供合理化路径。

表4-2 基准回归分析结果

变量	(1) ROA	(2) ROA	(3) ROA	(4) ROA
IIP	0.0484***	0.0228**	0.0187***	0.0184***
	(0.0127)	(0.0098)	(0.0071)	(0.0071)
lnasset			0.0203	0.0204
			(0.0125)	(0.0129)
PFA			0.0234**	0.0235***
			(0.0092)	(0.0089)
lev			-0.0666***	-0.0665***
			(0.0092)	(0.0092)
ATO			0.0406***	0.0406***
			(0.0105)	(0.0105)
国内生产总值				-0.0452
				(0.0432)
FDI				-0.0057
				(0.0097)
HC				-0.0001
				(0.0016)

续表

变量	(1) ROA	(2) ROA	(3) ROA	(4) ROA
internet				0.018 7
				(0.092 8)
企业固定效应	未控制	控制	控制	控制
时间固定效应	未控制	控制	控制	控制
常数	0.104 2***	0.104 4***	−0.137 3	0.409 5
	(0.001 3)	(0.000 1)	(0.129 1)	(0.468 1)
样本数	134 976	134 976	134 976	134 976
调整后的 R^2	0.000 3	0.460 6	0.567 2	0.567 2

注：括号内为稳健标准误。全书同上。

*、** 和 *** 分别表示在 10%、5% 和 1%，统计水平显著。全书同上。

2. 平行趋势检验

基准分析揭示了产业互联网平台对制造业中小企业价值的正面影响，但是该结论有一个重要的潜在假设，即实验组与对照组在受到冲击之前无显著差异，具体到本研究，即实验组企业登录产业互联网平台前的企业价值变化趋势与对照组企业一致。如果现实情形违背了该假设，那么前期的趋势差异将会导致事件影响评估的偏差。参考相关文献的做法，本研究利用事件分析法来验证 DID 模型是否满足平行趋势假设，在式（4-1）的基础上构建如下事件分析计量模型：

$$\mathrm{ROA}_{it} = \alpha + \beta_n \sum_{-5}^{4} \mathrm{IIP}_{it,T+n} + \mathrm{control}_{it}^{jp} + \mu_i + \lambda_t + \varepsilon_{it}^{jp} \qquad (4-2)$$

在式（4-2）中，$\mathrm{IIP}_{it,T+n}$ 为企业登录产业互联网平台变量与不同时间变量的交互项，其他说明与式（4-1）相同。β_n 度量了不同"年份"登录产业互联网平台的企业和未登录平台企业之间的价值差异。以政策发生前一期为基期，对式（4-2）进行事件分析估计，回归分析结果如图 4-1 所示。可以看到，在政策发生期之前，所有时期内（−5 至 −2 期）估计系数均在 0 值附近波动，且在 95% 置信区间内不显著。这表明本部分对照组和实验组满足平行趋势假设。本部分 β_n 在 $n \geq 0$ 时度量了登录产业互联网平台的企业价值提升效应,政策时点对第一年具有显著影响,这也符合本部分理论机制部分对影响作用的分析。

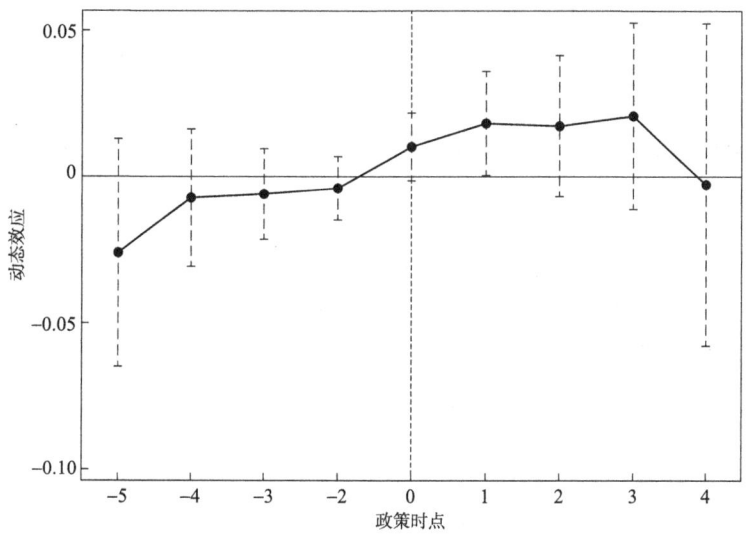

图 4-1 平行趋势检验结果

3. 稳健性检验

（1）替换企业价值测度指标

本研究旨在考察产业互联网平台是否有助于促进制造业中小企业价值的提升,而前文提到还有其他衡量企业价值的指标。本研究选取的资产利润率 RTA,即用总利润占资产总额的比率来表示,作为衡量企业价值的替代指标,回归分析结果见表 4-3 第（1）列。结果显示,使用资产利润率作为被解释变量时,IIP 的系数变大且仍然显著为正,说明使用 RTA 作为价值衡量指标时,研究假说仍然成立。

（2）加入强固定效应

在控制个体固定效应的基础上,本研究逐步加入行业时间强固定效应、地区时间强固定效应,控制行业与地区层面随时间变化的不可观测因素,如行业层面逐年变化的经济波动或省份层面的政策实施对企业价值的影响等。将同行业、同地区处理组企业与对照组企业进行比较，回归分析结果见表4-3第（2）列和第（3）列。结果显示，加入强固定效应后，IIP系数依然显著为正且数值变化较小，说明研究假说仍然稳健成立。

（3）提高聚类层级

考虑到聚类层级越高所隐含的假设越弱，标准误估计更稳健。本研究聚类到行业层面进行重新回归分析，即假设行业内所有观测值之间都是相互关联的，只有不同行业的观测值才无关联，较之只在企业层级聚类更一般化。考虑到同一行业内部不同个体的扰动项之间也可能相关，本研究还使用双向聚类稳健标准误差，聚类到行业时间层面，即假设同一行业同一年内的观测值之间才相互关联，而不同行业或不同年份的观测值之间均无关联。结果分别见表4-3第（4）列和第（5）列，IIP系数依然显著为正且数值几乎无变化，说明研究假说仍然稳健成立。

（4）异质性处理效应检验

考虑到DID处理效应可能存在的偏误问题，本研究通过双重稳健估计方法来进行缓解，提高估计结果的无偏性，参考卡拉韦等（Callaway et al., 2021）提供的多时期DID双重稳健估计，即CSDID，计算不同子组处理效应的异质性。回归分析估计方法采用基于ipw的双重稳健估计量，分别选取从未受到冲击及尚未受到冲击的样本作为对照组，结果见表4-3第（6）列和第（7）列，IIP系数依然显著为正且数值几乎无变化，说明研究假说仍然稳健成立。

表4-3 稳健性检验结果

变量	(1) RTA	(2) ROA	(3) ROA	(4) ROA	(5) ROA	(6)	(7)
IIP	0.0216**	0.0178**	0.0189**	0.0184**	0.0184**		
	(0.0095)	(0.0071)	(0.0069)	(0.0074)	(0.0070)		
CSDID估计结果						0.0185*	0.0184*
						(0.0102)	(0.0102)
企业控制变量	控制	控制	控制	控制	控制	控制	控制
地区控制变量	控制	控制	控制	控制	控制	控制	控制

续表

变量	(1) RTA	(2) ROA	(3) ROA	(4) ROA	(5) ROA	(6)	(7)
企业固定效应	控制	控制	控制	控制	控制		
时间固定效应	控制	未控制	未控制	控制	控制		
行业—时间固定效应	未控制	控制	控制	未控制	未控制		
地区—时间固定效应	未控制	未控制	控制	未控制	未控制		
聚类企业层面	是	是	是	否	否		
聚类行业层面	否	否	否	是	否		
行业—时间双向聚类	否	否	否	否	是		
控制组						采用从未被处理组作为对照组	采用尚未被处理组作为对照组
样本数	134 976	134 976	134 976	134 976	134 976	134 976	134 976
调整后的 R^2	0.597 7	0.567 3	0.640 3	0.567 2	0.567 2		

(5) 排除同期国家政策的影响

在研究样本登录产业互联网平台的同时，中国还实施了一些可能对企业价值具有潜在影响的重大政策，可能对本研究基准回归分析结果形成竞争性假设。为此，本研究梳理样本期内可能存在的五个重大干扰政策，并进行逐步排除。一是中国从 2013 年开始陆续建设自由贸易区试点工作（简称自贸区）；二是 2009 年国务院出台了《十大产业调整和振兴规划》（简称十大产业规划），扶持钢铁、汽车、船舶、石化、纺织、轻工、有色金属、装备制造、电子信息及物流十大产业发展；三是 2010 年出台的《国务院关于加快培育和发展战略性新兴产业的决定》（简称战略性新兴产业），重点培育和发展新一代信息技术、生物、高端装备制造、新能源、新材料、新能源汽车等产业；四是 2011 年国务院发布的《工业转型升级规划（2011—2015）》（简称工业转型升级），指出重点领域发展导向；五是 2011 年工业和信息化部等部门联合发布的《关于加快推进信息化与工业化深度融合的若干意见》（简称信息化与工业化）提出，改造提升传统产业，推动制造业信息技术的集成应用。

为排除上述国家政策可能对本部分基准回归分析结果造成的影响，本研究分别设定以下五个虚拟变量进行控制。首先，企业所在地区当年若被设为自贸区（2013年上海市），则FTA虚拟变量赋值为1，否则为0；其次，样本内属于十大产业规划扶持领域（行业大类代码25、36、37、39）则虚拟变量ten取1，否则为0；再次，根据战略性新兴产业重点领域界定部分对是否受其影响的企业进行筛选（行业大类代码27、37、39），若当年受到该政策影响，则emerge虚拟变量取值为1，否则为0；最后，基于工业转型升级的重点领域发展导向，当年若为重点涉及区域企业（行业大类代码为25、27、36、37、39），则upgrade变量赋值为1，否则为0；最后，信息化与工业化发展目标和主要任务中涉及行业大类代码为25、36、37、39，若当年受该政策影响，则inform取值1，否则取值0。

排除同期国家政策影响后的估计结果见表4-4。其中，第（1）~（5）列分别汇报了单独控制自贸区、十大产业规划、战略性新兴产业、工业转型升级、信息化与工业化后的估计结果，第（6）列则报告了同时控制上述五个政策虚拟变量后的结果。可以明显发现，本研究的核心解释变量IIP均在1%或5%统计水平上显著为正，表明上述五个国家政策并不会对本研究的基准回归分析结果造成实质性影响，基准回归分析结果具有较强的稳健性。

表4-4 排除同期国家政策影响的估计结果

变量	(1) ROA	(2) ROA	(3) ROA	(4) ROA	(5) ROA	(6) ROA
IIP	0.018 4***	0.018 5***	0.018 1**	0.017 3**	0.017 8**	0.017 3**
	(0.007 1)	(0.007 1)	(0.007 1)	(0.007 1)	(0.007 1)	(0.007 1)
自由贸易区	-0.014 2***					-0.014 2***
	(0.002 8)					(0.002 8)
十大产业规划		0.000 4				-0.000 0
		(0.002 7)				(0.002 8)
战略性新兴产业			-0.007 4***			-0.001 9
			(0.002 6)			(0.003 2)
工业转型升级				-0.009 3***		-0.009 0*
				(0.002 0)		(0.005 4)

续表

变量	(1) ROA	(2) ROA	(3) ROA	(4) ROA	(5) ROA	(6) ROA
信息化与工业化					−0.008 3*** (0.002 0)	0.000 7 (0.005 0)
企业控制变量	控制	控制	控制	控制	控制	控制
地区控制变量	控制	控制	控制	控制	控制	控制
企业固定效应	控制	控制	控制	控制	控制	控制
时间固定效应	控制	控制	控制	控制	控制	控制
样本数	134 976	134 976	134 976	134 976	134 976	134 976
调整后的 R^2	0.567 2	0.567 2	0.567 2	0.567 2	0.567 2	0.567 3

(6) 敏感性分析

在事实研究中，为控制基准回归分析结果受到的不可观测因素影响，本研究继续增加了控制变量进行多次回归分析，目的是作为敏感性分析进行定性分析，而非设定多种方程形式。理想结果是若不对关键变量进行控制，IIP 的估计系数将更倾向于受多种控制变量组合的影响，IIP 的正负方向及数值大小均在多种情况下呈现不稳定的状态；而对关键变量进行控制后，IIP 系数将对后续加入的多种控制变量组合不再具有敏感性。当观察到估计结果对于后续加入变量的敏感性，即可选变量选择程度的大小后，可以推测出 IIP 对其他未加入的不可观测变量的敏感性，从而控制不可观测因素遗漏产生的偏差。

直接分离不可观测变量的难度较大，本研究借鉴纳恩等（Nunn et al., 2011）的做法，运用基于可观测变量衡量不可观测因素的思路，构建多项不同控制变量的方程，得到不同回归分析结果下 IIP 系数比率 ratio，ratio 计算公式为 $|\beta_C/(\beta_R-\beta_C)|$，定义 β_C 为控制变量方程 IIP 回归分析系数，β_R 为受约束方程 IIP 回归分析系数，保持控制变量方程中观测变量数多于受约束方程。此方法的原理是：如果有能够引起 IIP 系数估计出现较大偏误的因素存在，那么该不可观测部分的影响效果应远大于前文已经进行控制的各项因素的影响。另外，控制变量方程 IIP 系数 β_C 越大，说明不可观测因素的

作用需要达到极高水平，才能够与产业互联网对企业价值提升的影响相抵消。因此，ratio 值数额大小与可能遗漏的不可观测因素对回归分析结果造成的偏误性成反比，即值越大，偏误风险越低。

敏感性分析的测算思路如下：将基准方程中包含个体及地区控制变量、个体和时间固定效应的方程作为受约束方程，首先，将控制行业—时间交互固定效应方程作为控制变量方程，进一步将地区—时间固定效应方程加入作为控制变量方程；其次，将同时控制可能影响结果的国家重大政策影响方程作为控制变量方程；最后，依次选取工业化程度 stru 及上网率 IAR 作为地区层面可能遗漏变量进行控制。表 4-5 是根据上述思路进行计算的 5 组方案的 ratio 值，可以发现，所有方案的 ratio 值均远大于参考文献给出的参考值 1，最小值约为 15.727 3，最大值约为 1 841.000 0，均值约为 421.64。由此可知，在本研究中，当不可观测因素至少是已被控制因素的 15.73 倍，平均而言需要 421.84 倍，此时才能对基准方程中 IIP 的系数造成较大偏误影响。显而易见，本研究的基准回归分析结果中呈现的产业互联网对制造业中小企业价值的影响效应，不可能受如此高的不可观测因素的影响。

表 4-5 敏感性分析结果

受约束方程	控制变量方程	β_R	β_C	ratio
表 4-2 模型（4-4）	表 4-3 模型（4-2）	0.018 4	0.017 8	29.666 7
表 4-2 模型（4-4）	表 4-3 模型（4-3）	0.018 4	0.018 9	37.800 0
表 4-2 模型（4-4）	表 4-4 模型（4-6）	0.018 4	0.017 3	15.727 3
表 4-2 模型（4-4）	加入 stru 变量	0.018 4	0.018 5	185.000 0
表 4-2 模型（4-4）	加入 IAR 变量	0.018 4	0.018 4	1 841.000 0

（7）安慰剂检验

为了排除随机扰动对基准回归分析结果的可能影响，本节进一步设计了一个"反事实"框架下的安慰剂检验方法。一方面，随机抽取实验组；另一方面，随机赋予登录平台时间，构建虚拟的政策冲击变量来替代基准计量模型中真实的政策冲击变量，本研究将以上过程随机重复 500 次。其原理在于，如果本研究的基准回归分析结果是偶然因素导致的，那么虚拟政策变量在大多数情况下应该具有统计显著性，否则就进一步佐证了本研究结果的稳健性。图 4-2 展现了虚拟政策变量估计系数的概率密度分布。可以明显发现，虚拟政策变量回归分析系数主要集中在 0 附近，其概率密度呈现正态分布。这表明在核心解释变量当前实际取值的情况下，所估计出来的显著结果不是一种统计上的偶然，即登录产业互联网平台对制造业中小企业价值的提升具有显著促进作用。

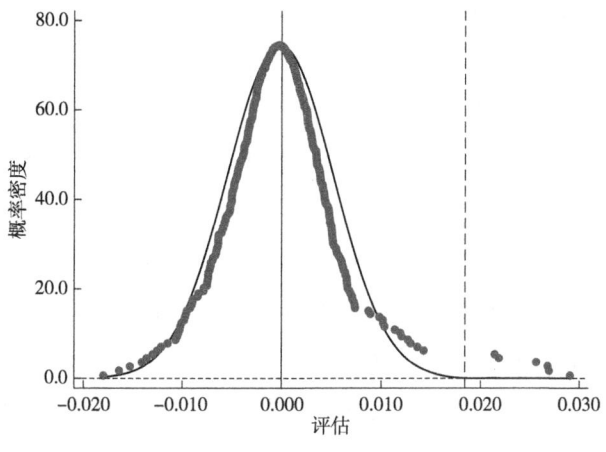

图 4-2 安慰剂检验结果

4.1.4 产业互联网影响机制检验与集聚度强化作用拓展分析

1. 产业互联网影响机制检验

前文考察了产业互联网平台对制造业中小企业价值的影响效果，而理论分析也提出了产业互联网平台可通过触发贸易成本缩减效应及企业成长拉动效应来促进企业价值提升。江艇（2022）指出，传统中介效应检验在考察核心解释变量对被解释变量的因果影响时，容易产生直接效应和间接效应的偏差估计，同时提出中介效应分析的柔性解决方案。在事实观察性研究中，中介变量外生性不遵从完全严格的条件，当其与解释变量或误差项存在相关关系时，存在一个或多个同时影响中介变量与被解释变量的遗漏因素，则回归分析估计系数结果会产生这些遗漏变量造成的强偏误性。

对于中介效应估计偏误的改善方式,可以选择能反映政策效应作用渠道的中介变量,在中介变量对被解释变量效果外显的情况下,采用识别方法验证核心解释变量与中介变量之间的因果关系。

基于此,本研究引入企业贸易成本与企业成长水平作为能够反映产业互联网对企业价值作用的中介变量,在中介变量对企业价值作用显而易见的条件下,采用同样的基准回归分析方法识别其间因果关系。限于中国工业企业数据库涉及的财务指标较少,而且目前学术界对企业成本的测度并没有统一的标准,本研究借鉴王进猛等(2010)的做法,取销售费用对数度量贸易成本;企业成长水平以平减后企业总资产对数表示❶。设立机制检验模型为:

$$M_{it} = \alpha_3 + \beta_3 \text{IIP}_{it} + \gamma_3 \text{control}_{it}^{jp} + \mu_i + \lambda_t + \varepsilon_{it}^{jp} \quad (4-3)$$

式中,M_{it} 为机制检验中的被解释变量,表示企业贸易成本 cost 或企业成长水平 lnasset 中介变量,其他度量说明与式(4-1)相同。机制检验结果验证了产业互联网平台通过缩减贸易成本及拉动企业成长推动企业价值提升的作用机制。表4-6第(1)列显示主要解释变量 IIP 系数显著为负,说明产业互联网直接降低了制造业中小企业的贸易成本,从而有助于企业价值的提升,产业互联网可以通过链条关联、劳动力池和知识溢出等途径帮助制造业中小企业降低成本。表4-6第(2)列为企业总资产对数作为被解释变量的回归分析结果,IIP 系数在1%的置信水平下显著为正,表明产业互联网产生了客观的成长拉动效应,通过拓展入驻产业互联网平台的制造业中小企业市场网络,进而拓宽其市场触达边界,提升其成长能力及规模水平,以达到企业规模报酬递增效果,实现企业价值的提升。

2. 集聚度强化作用拓展分析

根据前文分析,产业互联网通过降低贸易成本、拉动企业成长等方式对制造业中小企业价值产生提升作用,而其作用效果也受到企业所属行业在平台的集聚度影响。其原因在于产业互联网平台上的企业共同构成了一

---

❶ 在进行企业成长拉动效应的机制检验时,本研究将企业规模从控制变量中剔除。

个集中分工和发散结构的虚拟产业生态,这种生态环境氛围越浓厚,意味着集聚的企业数量越多,对企业价值的提升作用可能就越明显。因此,在上述生态环境中,产业互联网对企业价值的促进作用更加明显,即产业虚拟集聚度所形成的外部性有助于实现平台的价值共享生态,显著增强了产业互联网的外溢效应。

产业互联网能够缓解旧商业模式零和博弈的负向作用,使企业个体为中心进化为产业共同发展的价值共创系统。为保证跨界融合的拟合度及更新迭代的及时性,制造业中小企业聚集加入产业互联网平台,能够促进其对行业发展趋势的把握,加强开放式交流效果,提升其创新能力,进而提升高质量数据及用户信息的可得性,提高交易活动频率。一方面,产业集聚缩短了企业之间的接触距离,使产业内部企业拥有更多机会产生高频互动和深入触达。产业虚拟集聚度越高,登录平台的企业越有可能通过共享劳动力池、有效利用知识溢出等方式为企业价值的提升带来更好的效果,从而更大幅度降低企业贸易成本或提升企业专业化水平,放大了产业互联网对中小型制造企业价值的提升作用。另一方面,产业集聚环境使更多不同行业的企业能够分享到以产业互联网平台为载体的生态价值外溢效应,进而增加企业价值。平台集聚企业数量的增多,不仅能促进供应链上下游之间的互动和匹配,还吸引相关专业服务提供商的空间集聚(Bernard et al., 2019),所以产业集聚度越强则越多企业能够从中受益。

前文探讨了产业互联网对制造业中小企业价值的影响,而现实中,这一影响可能随着平台、企业的异质性特征而出现差异,本研究将围绕上述维度进行拓展分析,加深对产业互联网影响制造业中小企业价值的规律认识。为深入分析此影响所产生的效果,参考克里斯托菲克等(Christofzik et al., 2018)的做法,构建交互项计量模型进行强化作用检验。具体地,本节引入主要解释变量与登录产业互联网平台的行业集聚度交互项,检验上述假说"当集聚程度越高时,产业互联网提升企业价值的作用就越强"是否成立。为此构建三种差分计量模型如下:

$$EV_{it} = \alpha_4 + \beta_4 \times IIP_{it} \times VA_{j,2008} + \gamma_4 control_{it}^{jp} + \mu_i + \sigma_{jt} + \varepsilon_{it}^{jp} \quad (4-4)$$

式中,$VA_{j,2008}$ 为各行业(j)在样本期首年(2008年)初的平台集聚程度，为避免反向因果影响，以2008年初j行业已进驻产业互联网平台的企业数量与本行业企业总数比值计算。μ_i 和 σ_{jt} 分别为企业和行业—年份固定效应，其他度量方法与式（4-1）相同。表4-6第（3）列是模型（4-4）的估计结果。回归分析结果表明，交互项 $IIP_{it} \times VA_{j,2008}$ 的估计系数在5%的显著性水平上为正，说明制造业各行业在产业互联网平台集聚度越高，其中小企业价值提升效应越大。

表4-6 机制检验与拓展分析结果

变量	（1）cost	（2）LP	（3）ROA
IIP	-0.063 2*	15.365 5	
	(0.032 6)	(17.649 8)	
IIP×VA			185.367 7**
			(78.890 2)
企业控制变量	控制	控制	控制
地区控制变量	控制	控制	控制
企业固定效应	控制	控制	控制
时间固定效应	控制	控制	未控制
行业—时间固定效应	未控制	未控制	控制
样本数	133 151	134 976	134 976
调整后的 R^2	0.838 3	0.271 2	0.567 3

4.1.5 基于不同区位和行业的异质效应分析

1. 基于不同区位的异质效应检验

由于互联网的高速发展与广泛普及，产业互联网平台吸纳企业范围已形成东西统筹和陆海协调的平衡态势。与消费互联网发展过程相似，产业互联网的普及仍然由东部地区向中西部地区逐渐推进。本研究根据国家统计局对地理区域的划分标准，将样本分为东部地区与非东部地区两组进行异质性分析，估计结果如表4-7第（1）列所示。一方面，产业互联网提升制造业中小企业价值主要体现在东部地区，非东部地区企业价值的提升效应暂未显现。这是由于非东部地区经济发展水平及信息获取速度较东部地区略低，制造业服务化转型进度较为缓慢，其交易成本、运输成本等相对固定，企业价值对产业互联网带来的成本降低尚未产生及时有效的反应。另一方面，组间系数检验显示这两类地区的平均处理效应并无显著差异，表明由于产业互联网平台提供的专业化服务跨越时空、覆盖全产业链，将更有利于不同区域的制造业中小企业整体实现价值提升。

表4-7 异质性检验结果

变量	（1）区位异质性	（2）行业异质性	（3）出口异质性	（4）工业化异质性
IIP_east	0.0189**			
	(0.0075)			
IIP_noneast	0.0180			
	(0.0207)			
IIP_cap		0.0353***		
		(0.0111)		
IIP_tech		0.0025		
		(0.0086)		
IIP_highexp			0.0425**	
			(0.0184)	
IIP_lowexp			0.0114**	
			(0.0056)	
IIP_highst				0.0364***
				(0.0101)
IIP_lowst				-0.0093
				(0.0061)
企业控制变量	控制	控制	控制	控制
地区控制变量	控制	控制	控制	控制
企业固定效应	控制	控制	控制	控制

续表

变量	（1）区位异质性	（2）行业异质性	（3）出口异质性	（4）工业化异质性
时间固定效应	控制	控制	控制	控制
组间差异 P 值	0.9674	0.0197	0.0872	0.0001
样本数	134 976	134 976	134 976	134 976
调整后的 R^2	0.6399	0.6430	0.6398	0.6499

2. 基于不同行业的异质效应检验

为了揭示产业互联网对不同要素密集度行业的异质性影响，本部分根据国民经济行业分类标准划分不同要素密集度的制造业行业，资本密集型制造业包括大类代码为25、34、35和40的行业，技术密集型制造业包括大类代码为26~27和36~39的行业。表4-7第（2）列结果显示，产业互联网对资本密集型制造业中小企业价值具有显著的提升效应，而对技术密集型制造业中小企业价值没有显著影响。组间系数差异检验进一步表明，不同要素密集度的行业确实存在处理效应的显著差异。原因在于，本研究的时间跨度为2008—2013年，此时我国产业互联网发展尚处于初期，服务功能还不够完善。一方面，资本密集型制造业具有制造装备多、原材料和产成品批量多、体量大的特点，产业互联网平台可以相对容易地提供便利的交易、物流、仓储等服务，通过降低贸易成本提升企业价值；另一方面，技术密集型制造业产业链迂回、复杂，企业价值提升的主要源泉是专业化水平提升，如先进技术的运用、产品和服务创新、融资效率提高等，处于发展初期的产业互联网平台还难以提供满足这些需求的服务。

考虑到研究个体市场方向不同，其受产业互联网影响效应大小可能有所不同。本研究根据出口强度即企业出口交货值 export 的高低，以同年所有样本平均出口交货值作为衡量界限，将样本划分为高出口值型与低出口值型两组进行异质效应检验，具体结果如表4-7第（3）列所示。在两组企业中，产业互联网的价值提升效应均得到显现，且高出口型企业效果更加明显，可见高出口型企业更有条件及动力借助产业互联网平台实现自身价值提升。一方面，对国内专业性市场优势的借力及国际化市场开拓的综合利用，更有助于推动制造业中小企业价值提升；另一方面，虽然低出口值型企业未受与之密切联系的国际化市场影响，其企业价值依然从产业互联网的关联带动效应中受益。结果表明，在构建数字经济、产业信息化新格局中，充分发挥产业互联网的价值外溢作用不仅有利于提升个体企业价值，还有助于加速国内国际经济大循环，实现更积极的经济发展态势。

3. 工业化程度异质性分析

据观察，工业化程度更高的营商环境将为制造业企业提供更好的发展条件，据此推断，在工业化程度更高的地区，产业互联网促进制造业中小企业价值提升的作用更加明显。为此，本研究引入工业化程度 stru 变量，用各地区当年第二产业占地区生产总值比重衡量，以样本同年平均工业化程度作为界限，将全样本划分为高工业化程度企业组和低工业化程度企业组进行异质性检验。表4-7 第（4）列为基于不同工业化程度的检验结果，可以发现，仅在高工业化程度企业组中企业价值的系数显著为正。对于高工业化程度企业而言，制造业企业尤其能够分享到工业发展过程中的知识和技术外溢效应，进而提升成本把控能力及市场边界拓展能力。对于低工业化程度企业，企业发展更多依赖于资本及技术投入，对虚拟集聚外部性的依赖程度不高，因而产业互联网对其价值提升作用不明显。

4.1.6 产业互联网对制造业转型升级的作用效应的总结

在从消费互联网到产业互联网转变的发展背景下，上述研究以登录产业互联网平台作为政策实施变量，构建交错双重差分模型，选取 2008—2013 年制造业中小企业面板数据，综合运用多种识别策略检验产业互联网对企业价值的影响效果及作用机制。研究结果如下。

一是企业登录产业互联网平台后，企业资产收益率显著提升，该结论在经过一系列稳健性检验后仍然成立。

二是作用渠道分析发现，一方面，产业互联网可以通过降低企业贸易成本来推动企业价值的提升，即在生产、物流、采购等多个角度发挥成本矫正功能，从而实现企业价值提升；另一方面，登录产业互联网平台能够实现企业分工深化，加速分工正向循环，还能够拓展市场网络，拓宽规模边界，二者结合，进而实现多种正向效果，如促进企业融资、提升人力资本水平、增加产品附加值、优化管理流程、提升整体专业化水平等，最终达到企业报酬递增的效果，实现产业互联网对制造业中小企业成长能力的拉动效应。

三是进一步拓展分析发现，行业虚拟集聚度对产业互联网的作用强度具有强化效果，平台集聚能够跨越空间距离进行正向调节。异质性分析得出，产业互联网对地理位置处于东部地区及资本密集型企业的效果更强，同时企业出口交货值水平及地区工业化程度也与企业价值提升的作用效果成正比。

4.2 产业互联网对上市公司实物期权价值的影响效应分析

产业互联网对于企业而言，是刺激业绩增长的数字化手段，也是企业在经营不顺时防止业绩进一步下滑的"缓冲器"。传统制造企业如何通过产业互联网改善企业经营、提升企业价值，值得进一步研究。基于此，本研究从实物期权理论角度理解产业互联网的作用，以 2007—2022 年 A 股制造业上市公司为研究对象，运用多时点 DID 模型分析产业互联网对企业实物期权价值的影响，并因果路径分类探讨产业互联网是通过何种路径促进实物期权价值上升和防止实物期权价值下降的影响机制。

4.2.1 实证检验假设

根据产业互联网发展对上市企业转型升级的作用机制分析，可得以下检验假设。

1. 产业互联网对企业实物期权价值作用的检验假设

假设 1：产业互联网助力企业实物期权价值提升。

假设2：产业互联网缓解企业实物期权价值下行风险。

2. 产业互联网对企业实物期权价值影响的传导路径及检验假设

假设3：产业互联网通过数实融合提高企业交易效率，从而提升企业实物期权价值。

假设4：产业互联网能通过数实融合提升企业交易稳定性，从而缓解企业实物期权价值下行的风险。

4.2.2 实证模型与研究设计

1. 计量模型构建

为研究产业互联网对企业实物期权价值的影响，进一步探究产业互联网的实物期权柔性作用，构建以下计量模型：

$$\text{up} = \alpha + \beta \times \text{PF} + \text{control} + \varepsilon \quad (4-5)$$

$$\text{down} = \mu + \theta \times \text{PF} + \text{control} + \tau \quad (4-6)$$

式中，up和down是ROE移动5年平均值，分别代表企业实物期权价值的上行潜力与下行风险。PF是本部分的核心解释变量，表示如果企业已登录产业互联网，则取1，未登录则取0。α和μ表示的是待估系数，β和θ表示系数向量。Control是企业特征的控制变量集合。ε和τ是随机误差项。

2. 变量设置

（1）被解释变量

实物期权的战略柔性价值，能在市场发展态势良好时助力企业价值提升，在外部环境不稳定时防范企业业绩下行风险。因此，本研究参考周超（2020）的做法，从业绩下行风险与上行潜能两个方向衡量企业实物期权价值。以ROE的五年移动平均值衡量业绩下行风险与上行潜能。公式如下：

$$\text{up} = \sqrt{\frac{1}{5} \sum_{t=0}^{-4} (\text{ROE}_{i,t} - \text{IROE}_{i,t-1})^2} \quad (4-7)$$

$$\text{down} = \sqrt{\frac{1}{5}\sum_{t=0}^{-4}(\text{IROE}_{i,t-1} - \text{ROE}_{i,t})^2} \qquad (4-8)$$

式中，$\text{IROE}_{i,t-1}$ 是 $t-1$ 年度行业 ROE 均值。$\text{ROE}_{i,t}$ 表示企业 i 在第 t 年的实际业绩。在计算业绩下行风险时，若某公司 i 在第 t 年的行业平均业绩小于企业实际业绩，则取 0。同理，在计算企业上行潜能时，若某公司 i 在第 t 年的企业实际业绩小于行业实际业绩，则取 0。

（2）核心解释变量

本研究从商国互联网、中国制造网、慧聪网和国联网（中国省市联盟、中国地市联盟和中国区县联盟网的简称）平台上获得制造业企业信息。PF 取 1 表示该企业在该年份及以后年份都在产业互联网；反之则取 0，表示该企业未曾登录过产业互联网。

（3）中介变量

数实融合。本研究参考黄先海等（2023）测算数实融合的方法，利用企业专利数据库中企业专利申请的 IPC 分类主要分类号，识别该项专利是否属于数字产业领域的技术创新，并对结果加 1 取自然对数。

交易效率。企业通过产业互联网将数据可视化，能够更好地对存货进行管理，提高了企业生产经营过程中的效率，用存货周转率代表生产交易效率，并取自然对数。

（4）控制变量

机构持股比例 Invest：已有研究证明 VC/PE 机构投资参股行为对企业实物期权存在一定的正向影响，有利于提升企业实物期权价值。

产权性质 PR：0 代表非国有企业，1 代表国有企业。将实际控制人性质为国有企业、行政机构、事业单位、中央机构和地方机构等归为国有企业类别，其他为非国有企业。实际控制人若有多个，只要其中之一是国有企业，则归为国有企业类别，判断为 1。

企业规模 lnta：以企业期末总资产的自然对数表示。资产规模对企业成长性具有负向影响，通常情况下，企业主营业务越成熟，资产规模基数越大，成长速度就越小，实物期权价值占比就越低。因此，本部分预测企业规模与实物期权价值呈负相关。

成立时间 lnage：企业年龄与实物期权价值之间存在一定的负相关，若企业年龄较大，该企业的市值主要体现现有资产的价值，因此实物期权价值有所降低。

成长性 BM：采用账面市值比衡量企业成长性。账面市场价值由股东权益/公司市值计算得出。成长性与公司未来获得投资机会相关，成长性越高的企业越具有发展潜能，因此实物期权价值越高。企业市场价值与账面价值的比值用于衡量实物期权与企业现有资产的相关性。

流动性 CV：现金流波动性和实物期权价值之间存在一定的关系，企业或投资组合可能使用实物期权来对冲现金流的波动性，流动性越好，公司选择投资时机的灵活性就越强，实物期权价值也就越高。

3. 数据来源与处理

本研究的被解释变量和控制变量的数据源自 CSMAR 数据库。为了研究产业互联网对制造业企业实物期权价值的影响，保障研究可靠性，剔除了关键变量缺失值、退市、暂停上市和只出现一次的企业样本。最后留下 2007—2022 年的 16 494 个样本，包括 759 个处理组与 15 735 个对照组。本研究的描述性统计结果见表 4-8。

表 4-8　描述性统计结果

变量		观测数据	均值	标准差	最小值	中间值	最大值
自变量	PF	16 494	0.027	0.163	0.000	0.000	1.000
因变量	up	16 494	0.304	0.432	0.000	0.156	9.126
	down	16 494	0.631	3.054	0.000	0.217	149.065
控制变量	PR	16 494	0.381	0.486	0.000	0.000	1.000
	BM	16 494	0.313	0.165	−2.815	0.293	1.181
	CV	16 494	0.044	0.241	0.000	0.020	14.459
	lnta	16 494	22.207	1.219	16.704	22.081	27.621
	lnage	16 494	2.861	0.328	1.386	2.890	4.007
	Invest	16 494	0.446	0.239	0.000	0.460	1.103
中介变量	ch	16 419	20.080	1.513	0.000	20.006	25.523
	shus	8 622	0.296	0.672	0.000	0.000	6.225

4.2.3 实证检验与结果分析

1. 基准回归分析

针对产业互联网对企业实物期权价值的影响,通过基准回归分析得到表4-9中第(1)列和第(4)列数据。其中,第(1)列表示,企业加入产业互联网对企业实物期权价值具有显著的提升作用;第(4)列表示,企业加入产业互联网能有效地降低企业下行风险。将时间、企业特征固定后,在不考虑其他因素的情况下,表4-9中第(2)列说明入驻产业互联网将会为企业实物期权价值带来5.89个百分点的增长。第(5)列说明,在固定时间与企业特征效应后,企业入驻产业互联网将会为企业减少32.18个百分点的下行风险。引入控制变量,第(3)列和第(6)列,分别表示在控制时间与行业特征的基础上,产业互联网可以提升6.12个百分点的上行潜力;同时也能减缓企业29.58个百分点的下行风险。这说明产业互联网对刺激企业实物期权价值、减缓企业下行风险的作用显著。

表4-9 基准回归分析结果

变量	(1)	(2)	(3)	(4)	(5)	(6)
	up			down		
PF	0.1046***	0.0589***	0.0612***	-0.3216**	-0.3218*	-0.2958*
	(0.0205)	(0.0207)	(0.0206)	(0.1455)	(0.1721)	(0.1705)
Invest			-0.0139			0.5361***
			(0.0173)			(0.1433)
BM			0.1138***			0.5217***
			(0.0159)			(0.1317)
CV			0.0496***			-0.4473***
			(0.0076)			(0.0626)
lnta			0.0370***			-0.5558***
			(0.0040)			(0.0331)

续表

变量	(1)	(2)	(3)	(4)	(5)	(6)
	up			down		
lnage			-0.193 7***			-0.367 0
			(0.030 3)			(0.251 0)
PR			-0.022 3**			0.004 9
			(0.010 3)			(0.085 4)
常数项	0.301 4***	0.302 6***	0.011 6	0.639 9***	0.639 9***	13.647 9***
	(0.003 4)	(0.001 7)	(0.116 1)	(0.024 1)	(0.014 0)	(0.961 8)
企业固定效应	NO	YES	YES	NO	YES	YES
时间固定效应	NO	YES	YES	NO	YES	YES
N	16 494	16 494	16 494	16 494	16 494	16 494
R^2	0.001 6	0.805 4	0.808 4	0.000 3	0.731 8	0.737 5

2. 稳健性检验

（1）平行趋势检验

平行趋势检验是 DID 计量分析的前提。由于不同企业登录平台的时间不同，本部分采用多时点 DID 模型来衡量企业登录平台与企业实物期权价值之间的关系。因此，根据事件检验法，需要满足企业在登录产业互联网之前，产业互联网对企业实物期权价值毫无促进与降低风险的事前趋势。

$$\text{up} = \alpha + \beta_n \times \sum_{-14}^{15} \text{PF}_{it,T+n} + \text{control} + \varepsilon \quad (4-9)$$

$$\text{down} = \mu + \theta_n \times \sum_{-14}^{16} \text{PF}_{it,T+n} + \text{control} + \tau \quad (4-10)$$

图 4-3 和图 4-4 中标注的政策时点是指企业登录产业互联网的时点。一般企业登录产业互联网平台前，对产业互联网价值提升的作用会形成一定预期，因此在 up 模型中，以登录平台的前一年为基期。可以发现，在政策时点前，企业是否登录产业互联网对实物期权价值上行推动力的估计系数均在 0 值附近上下波动，且在 95% 置信区间内不显著。这表明本部分对照组与实验组满足平行趋势假设。而在 down 模型中，以登录平台第一年为

基期，在登录平台之前的所有估计系数均在 0 值附近波动，保证在 95% 置信区间内不显著，也满足了政策开始后才显著的理论。

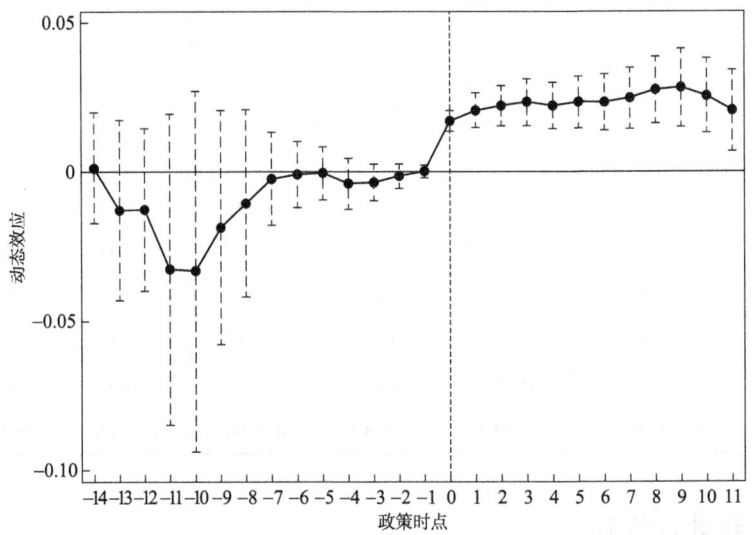

图 4-3 上行潜力的平行趋势检验结果

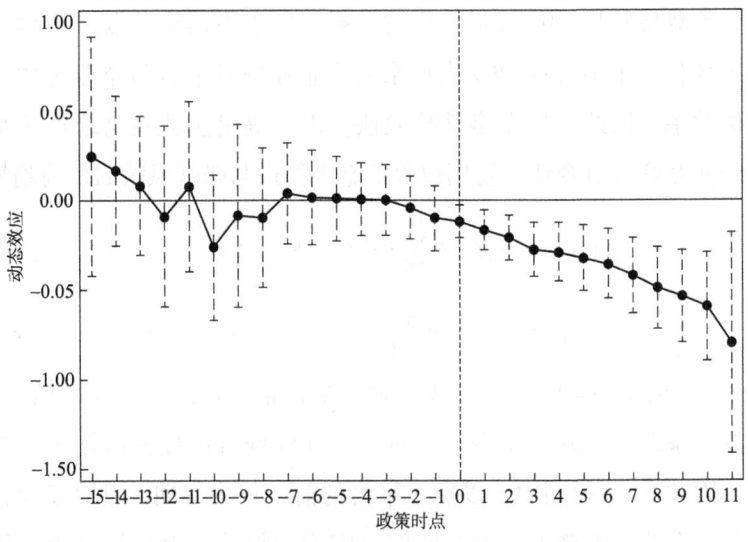

图 4-4 下行缓解风险的平行趋势检验结果

（2）替换被解释变量

实物期权价值的测度改用 ROA 的五年移动平均值，并加强聚类到企业层级。结果见表4-10，第（1）列和第（2）列回归分析结果依然显著，表明企业登录产业互联网平台，与实物期权价值提升与缓解下行风险之间具有稳定关系。

表 4-10　替换被解释变量与 CSDID 检验

变量	(1) ROA up	(2) ROA down	(3) up	(4) up	(5) down	(6) down
PF	0.051 0**	-0.076 1**				
	(0.025 9)	(0.031 6)				
CSDID			-0.008 1	-0.008 3	-0.097 3***	-0.096 9***
			(0.018 3)	(0.018 3)	(0.034 0)	(0.033 7)
时间固定效应	YES	YES				
企业固定效应	YES	YES				
行业×时间固定效应	NO	NO				
聚类到企业层面	YES	YES				
N	16 494	16 494	16 264	16 266	16 253	16 261
R^2	0.882 6	0.950 4				
			采用从未被处理组作为对照组	采用尚未被处理组作为对照组	采用从未被处理组作为对照组	采用尚未被处理组作为对照组

（3）CSDID 检验

由于多时点 DID 可能存在异质性处理效应造成的偏误问题，参考卡拉威和桑特（2021）的做法，用双重稳健估计量即 CSDID，计算组别—时期平均处理效应，分别选取从未接受处理、尚未接受处理的样本作为对照组，使用逆概率加权法 IPW 计算平均处理效应，以缓解偏误。在上行潜力分析中，大部分企业登录平台时间在 2021—2023 年，登录平台时间较短，可能导致平台的上行潜力还未展现，CSDID 估计结果并不显著。

(4) 重大政策处理效应

产业互联网是国家数字化转型的重点，国家政策可能对产业互联网产生重要影响。因此，为了避免国家政策的影响，将 2007—2022 年国家对产业互联网的重大政策作为变量加入回归分析。

第一，2011 年发布的《工业转型升级规划（2011—2015）》指出了重点领域发展导向；另外，基于工业转型升级的重点领域发展导向，当年若为重点涉及区域企业（行业大类代码为 C25、C27、C36、C37、C39）的 change 变量赋值为 1，否则赋值为 0。从表 4-11 第（5）列可以看出，PF 系数为 -0.299 5，在 P 值 0.01 的水平上显著下降，说明模型依然稳健。

表 4-11 重大政策的稳健性检验

变量	(1) up	(2) up	(3) up	(4) up	(5) down	(6) down	(7) down	(8) down
PF	0.057 6***	0.059 1***	0.064 5***	0.062 1***	-0.299 5***	-0.291 0***	-0.303 4***	-0.312 0***
	(0.021 0)	(0.021 0)	(0.020 8)	(0.020 8)	(0.057 7)	(0.055 4)	(0.054 6)	(0.057 7)
change	-0.031 3***			-0.023 7	-0.032 1			-0.171 3*
	(0.011 2)			(0.015 4)	(0.066 8)			(0.092 1)
info		-0.036 1***		0.007 0		0.082 7		0.181 6**
		(0.012 7)		(0.017 7)		(0.066 5)		(0.091 9)
develop			-0.062 8***	-0.061 1***			0.144 0**	0.135 1*
			(0.007 6)	(0.007 6)			(0.070 0)	(0.072 9)
N	16 494	16 494	16 494	16 494	16 494	16 494	16 494	16 494
R^2	0.808 6	0.808 6	0.809 3	0.809 4	0.737 5	0.737 5	0.737 6	0.737 6

第二，2011 年工业和信息化部等发布的《关于加快推进信息化与工业化深度融合的若干意见》提出，改造提升传统产业，推动制造业信息技术的集成应用。信息化与工业化发展目标和主要任务涉及行业大类代码为 C25、C36、C37、C39，若当年受该政策影响 info 取 1，否则取 0。由表 4-11 第（6）列可见，PF 系数依然显著为负，说明核心结论依然成立。

第三，2018 年《工业互联网发展行动计划（2018—2020 年)》针对汽车、航空航天、石油化工、机械制造、轻工家电、信息电子等重点行业。C25、C36、C37、C38、C39，若2018年及以后受到政策影响则develop取1，否则取0。由表4-11第（7）列可知，PF系数依然显著为负，说明结论依然成立。

第四，将三个政策变量同时加入模型中，由表4-11第（8）列可知，产业互联网能有效缓解企业业绩下行风险的结论依旧成立。

（5）平台影响效应

为了排除企业登录平台对实证结果的影响，将平台划分为上市平台与非上市平台。其中，上市的产业互联网平台有国联网、慧聪网、中国制造网，而非上市平台为商国网。上市平台是指运营该平台的企业已上市，在市场中具有一定的行业影响力，能够较好地推进平台经济发展。非上市平台则是指运营该平台的企业暂未上市。因此，对登录的平台为上市平台则取1，未登录的上市平台则取0。表4-12是平台影响效应的回归分析结果，由第（1）列和第（2）列可看出，企业登录产业互联网依旧显著，说明平台的不同对实证结果影响不大。对于企业而言，未上市的产业互联网更能促进平台上的企业形成上行动力，说明未上市的产业互联网平台企业同样具有规模效应。

表4-12 平台影响的稳健性检验

变量	（1）up	（2）down
PF	-0.963 7***	-2.441 2***
	(0.043 8)	(0.325 1)
ptss	-0.416 1***	0.139 3
	(0.078 0)	(0.097 3)
N	16 145	16 145
R^2	0.809 9	0.737 4

（6）敏感性分析

为了排除不可观测因素遗漏对基准回归分析系数带来的偏误，本研究参考纳恩等（2011）的做法，基于已有可观测因素对不可观测因素造成的

偏误进行评估,构建不同控制变量回归分析下的系数比率 ration,计算公式为 $|\beta_C/(\beta_R-\beta_C)|$。其中,$\beta_F$ 代表控制方程中 PF 的系数,β_R 代表受约束方程中 PF 的系数,控制方程中控制变量数要多于受约束方程中控制变量数。若有能够引起 PF 系数估计出现较大偏误的因素存在,那么该不可观测部分的影响将大于已经控制的各项影响因素。若控制方程模型中 β_F 越大,则说明不可观测因素需要达到较高的水平才可抵消产业互联网对企业业绩下行风险的影响。所以,ration 数值越大,说明偏误风险越低。依次加入重大政策影响和平台影响,其他可能的遗漏变量如应收账款与现金及等价物周转率加入回归分析中,结果如表 4-13 所示。通过 ration 数值可以发现,所有方案的 ration 均大于参考值 1,最小值为 1.067 8,最大值为 129.608 7,均值为 52.108 8。在本研究中,不可观测因素至少达到可观测因素平均值的 52.108 8 倍,才能对基准回归分析中的 PF 系数造成严重偏误。因此,本研究中产业互联网对实物期权价值的影响不可能受到不可观测因素如此大的影响。

表 4-13 敏感性分析

模型	受约束方程	β_R	控制方程	β_F	ration
up	表 4-2 第 (3) 列	0.061 2	表 4-4 第 (4) 列	0.062 1	69.000 0
	表 4-2 第 (3) 列	0.061 2	表 4-5 第 (1) 列	-0.963 7	1.067 8
	表 4-2 第 (3) 列	0.061 2	加入现金及等价物周转率	0.061 1	611.000 0
	表 4-2 第 (3) 列	0.061 2	加入应收账款	0.056 3	11.489 8
down	表 4-2 第 (6) 列	-0.295 8	表 4-4 第 (8) 列	-0.312 0	19.259 3
	表 4-2 第 (6) 列	-0.295 8	表 4-5 第 (2) 列	-2.441 2	1.137 9
	表 4-2 第 (6) 列	-0.295 8	加入现金及等价物周转率	-0.298 1	129.608 7
	表 4-2 第 (6) 列	-0.295 8	加入应收账款	-0.276 5	14.326 4

(7) 安慰剂检验

根据"反事实"原理进行安慰剂检验,这一方法的原理在于,如果本研究所进行的基准回归分析结果是由偶然因素导致的,那么虚拟政策变量在大多数情况下应该具有统计显著性。反之,如果虚拟政策变量不具有统计显著性,这将进一步证实基准回归分析结果的稳健性。因此,随机选取了实验组并随机分配了登录进驻平台的时间，构建了虚拟的"处理变量"，以替代基准回归分析模型中的真实处理变量，并将这一过程随机重复了500次。由图4-5和图4-6可知，虚拟的"处理变量"回归分析系数主要集中在0附近，其概率密度呈现正态分布，即产业互联网平台能够显著地促进企业实物期权价值上升，并缓解企业业绩下行风险。

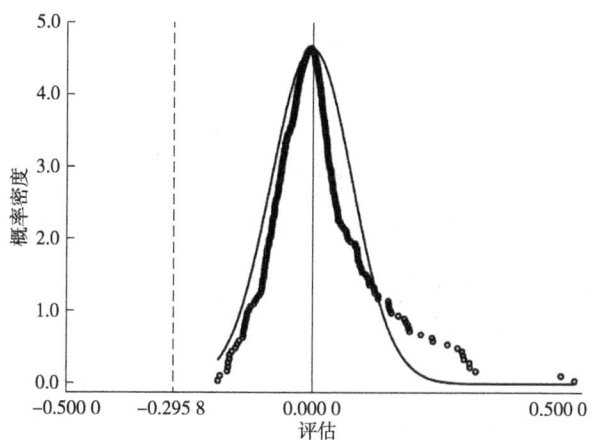

图4-5　产业互联网平台上行潜能安慰剂检验

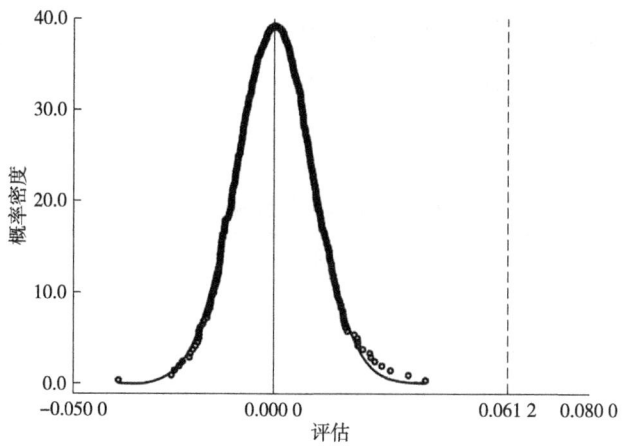

图4-6　产业互联网平台缓解下行风险安慰剂

4.2.4 产业互联网对上市公司实物期权价值影响的异质性及传导路径分析

1. 异质性分析

(1) 基于不同区位的异质性检验

参考李建军等(2020)的做法,将东部省份划分为北京市、福建省、广东省、海南省、河北省、江苏省、辽宁省、山东省、上海市、天津市和浙江省。其余20个省份划为非东部地区。如表4-14所示,企业登录产业互联网会刺激企业实物期权价值上升,东部企业每增加1个单位,就会实现4.3个百分点的实物期权价值增长,而非东部企业则对登录平台的实物期权价值提升作用的反应较弱。对于企业登录平台缓解企业实物期权价值下行风险的作用,东西部企业均表示感"兴趣",其中产业互联网对非东部企业缓解价值下行的作用胜过东部企业。因为中西部企业与东部企业的经营环境差异,中西部企业的数字化发展晚于东部,东部企业产业数字化程度已进入产业融合阶段,即将产业数字与供应链金融相结合,不断拓宽产业版图。而中西部企业仍处于产业互联网B2B交易阶段,采用产业互联网对冲实体业务下滑风险。因此,二者对产业互联网平台对抗企业价值下跌的依赖程度有所不同。

表4-14 区位异质性检验结果

变量	东部	非东部	东部	非东部
	up		down	
PF	0.043 0**	0.044 5	-0.159 5***	-0.404 5***
	(0.021 8)	(0.036 7)	(0.043 8)	(0.106 1)
Invest	-0.031 3	0.033 4	0.378 3***	0.498 8
	(0.023 7)	(0.056 3)	(0.090 0)	(0.415 0)
BM	0.147 0***	0.133 9***	-0.149 2	0.162 3
	(0.020 3)	(0.034 8)	(0.295 7)	(0.262 4)

续表

变量	东部	非东部	东部	非东部
	up		down	
CV	-0.036 6***	0.094 2*	0.118 0	-0.168 7
	(0.009 1)	(0.056 0)	(0.131 0)	(0.364 0)
lnta	0.077 5***	-0.007 6	-0.469 7***	-0.798 8***
	(0.006 6)	(0.021 3)	(0.078 8)	(0.167 8)
lnage	-0.246 4***	-0.168 3	-0.185 8	-0.462 2
	(0.041 2)	(0.111 4)	(0.198 0)	(0.283 6)
PR	-0.063 2***	0.054 9**	-0.026 7	-0.094 1
	(0.014 5)	(0.021 5)	(0.076 7)	(0.109 6)
Constant	-0.736 9***	0.888 4**	11.387 5***	19.664 0***
	(0.168 2)	(0.355 9)	(2.163 3)	(3.627 4)
N	10 669	5 820	10 669	5 820
R^2	0.868 2	0.740 5	0.918 0	0.413 4
费希尔置换检验	$P=0.454$		$P=0.009$***	

在异质性分析的系数组间差异检验时，P 值采用费舍尔组合检验，参考连玉君等（2010）的做法，假设组间系数估计值不存在显著差异。检验的统计量是采用 Bootstrap 法计算出的经验 P 值，它表示实际观察到的组间系数差异出现的概率。首先，划分组别。把来自东部组和非东部组的样本企业混合，假设来自两个组中的公司数目分别为 n_1 和 n_2，总样本数为 $n=n_1+n_2$。其次，从 n 家企业样本中分别随机抽取 n_1 和 n_2 家企业，并把它们分别定义为东部组和非东部组。再次，分别测算两个组的系数值，并将抽样与测算系数值不断重复 1 000 次，记录系数差异。最后，得到系数差异与实际系数差异的百分比，即经验 P 值，若 P 值在 1%、5% 和 10% 水平上显著，则表明组间差异明显。

（2）基于研发能力的异质性检验

从企业数字化角度，选取企业是否有专利作为评判研发能力强弱的指标，若有研发专利，则取值为 1，若无则为 0。由此进行研发能力强弱的异质性分析，结果见表 4-15。对于研发能力弱的一组，登录平台刺激实物期权价值提升的作用更为明显,对平台具有的抗下行风险的能力更为显著。这说明在企业数字化转型中,自身研发能力不足的企业会更加需要产业互联网作为提升企业实物期权价值的工具。而自身研发能力强的企业,通过企业内部研发就可以满足数字化需求,对产业互联网的依赖程度低于研发能力不足的企业。

表4-15 研发能力异质性分析

变量	研发能力弱	研发能力强	研发能力弱	研发能力强
	up		down	
PF	0.0971**	0.0313	−0.5367***	−0.0228
	(0.0387)	(0.0265)	(0.1103)	(0.0348)
Invest	−0.0131	−0.0133	0.4881	0.3420***
	(0.0462)	(0.0372)	(0.3669)	(0.0724)
BM	0.0930***	0.1463***	0.9200*	−0.0731
	(0.0321)	(0.0351)	(0.5243)	(0.0466)
CV	0.0372*	0.0741	−0.4040*	0.3610**
	(0.0208)	(0.0578)	(0.2324)	(0.1435)
lnta	0.0208	0.0721***	−0.7390***	−0.1604***
	(0.0145)	(0.0093)	(0.1324)	(0.0212)
lnage	−0.1692*	−0.2682***	−0.3117	−0.0531
	(0.0878)	(0.0479)	(0.3345)	(0.1036)
PR	−0.0098	−0.0448***	−0.0191	−0.0326
	(0.0197)	(0.0170)	(0.1296)	(0.0236)
Constant	0.3411	−0.5853***	17.7494***	4.0106***
	(0.2790)	(0.2143)	(3.2798)	(0.4557)
N	7934	7513	7934	7513
R^2	0.7845	0.8928	0.7397	0.9538
费希尔置换检验	$P=0.007$***		$P=0$***	

(3) 基于市场融合的异质性检验

参考杜传忠等(2021)对制造业企业持股金融类企业的产融结合模式的划分,考察其生产率效应。利用二分类变量度量,看企业是否持股金融机构,若是则取1,否则为0。金融机构有证券公司、基金公司、保险公司、财务公司、期货公司、信托公司、金融资产管理公司、证券投资咨询公司和风险投资公司等。如表4-16所示,关于产业互联网刺激企业实物期权价值上行,持有金融机构股份的企业,每增加登录1个单位的产业互联网,会刺激实物期权价值提升55.90个百分点,同时相比于未持有金融机构股份的企业而言,对实物期权价值上行的刺激强度显著。

表4-16 产业融合异质性分析

变量	持有金融机构股份	未持有金融机构股份	持有金融机构股份	未持有金融机构股份
	up		down	
PF	0.559 0***	0.009 1	−0.252 3***	−0.287 6***
	(0.079 2)	(0.019 6)	(0.050 6)	(0.061 1)
Invest	−0.157 7**	−0.007 3	0.035 9	0.561 4***
	(0.067 5)	(0.026 3)	(0.064 4)	(0.181 9)
BM	0.179 5***	0.111 9***	−0.241 5***	0.605 0*
	(0.051 5)	(0.023 7)	(0.076 1)	(0.349 4)
CV	0.003 0	0.057 4**	−0.300 3***	−0.471 2*
	(0.002 0)	(0.026 9)	(0.005 5)	(0.243 2)
lnta	0.040 9**	0.036 1***	−0.229 2***	−0.558 0***
	(0.016 7)	(0.010 9)	(0.040 2)	(0.094 2)
lnage	−0.464 5***	−0.183 9***	−0.776 4***	−0.368 0*
	(0.139 5)	(0.050 3)	(0.211 4)	(0.188 4)
PR	−0.029 1	−0.022 4*	0.031 3	0.040 8
	(0.025 9)	(0.012 5)	(0.038 7)	(0.076 7)
PR	−0.029 1	−0.022 4*	0.031 3	0.040 8
	(0.025 9)	(0.012 5)	(0.038 7)	(0.076 7)
Constant	0.739 9	0.003 3	7.777 2***	13.659 2***
	(0.581 0)	(0.200 0)	(1.335 6)	(2.272 7)
N	882	15 552	882	15 552
R^2	0.939 1	0.819 7	0.962 0	0.740 1
费希尔置换检验	$P=0$***		$P=0.003$***	

对于产业互联网缓解实物期权价值的下行风险，持有金融机构股份与未持有金融机构股份之间差异不大。未持有金融机构股份的这一组反而能更好地缓解企业实物期权价值下行风险，说明随着企业经营范围增加，企业经营带来的风险可能给企业实物期权价值带来一定的"威胁"。例如，"隧道挖掘效应"，即机构投资者利用其控股地位和话语权掠夺与掏空企业资源的事件时有出现，投资者与企业间的利益冲突日趋严重，当大股东为自身利益而参股时，其可能侵占目标企业核心技术和关键资源，或通过非正常手段挖走企业资产与资金，侵蚀企业期权价值。

2. 传导路径和中介效应分析

为进一步探究企业登录产业互联网如何通过交易效率和产业融合影响企业实物期权价值，本部分借鉴巴伦等（Baron et al., 1986）的中介分析三步法，以及陈少凌等（2024）的因果路径分析来完善中介效应机制。

（1）产业互联网提升实物期权价值的效应分析

通过数实融合与交易效率来分析登录产业互联网对驱动企业实物期权价值上升的作用。如表4-17第（1）列所示，登录产业互联网能提升数实融合率14.79个百分点。存货是资产类科目，存货越多意味着企业周转有所积压，交易效率有所下降。由第（2）列可以发现，登录产业互联网可提升交易效率8.16个百分点。可见，通过产业互联网技术，促进物流、资金流等全面提速，货品交易效率提高。利用双重纠偏模型对比传统三步法，去除模型偏误影响，产业互联网平台对数实融合的效应提升为456.85个百分点，对交易效应的提升为18.47个百分点。

表4-17 产业互联网提升实物期权价值效应分析

变量		(1) shus	(2) ch	(3) up	(4) up	(5) up
中介效应三步法	PF	0.1479***	0.0816***	0.0727**	0.0621***	0.0730**
		(0.0227)	(0.0266)	(0.0261)	(0.0210)	(0.0260)

续表

变量		(1) shus	(2) ch	(3) up	(4) up	(5) up
中介效应三步法	shus			-0.012 9***		-0.012 8***
				(0.003 6)		(0.003 6)
	ch				-0.021 6***	0.009 8
					(0.013 3)	(0.006 6)
Lasso双重纠偏DDL模型	PF	4.568 5***	0.184 7***	-1.605 5***	1.878 9***	-0.597 5***
		(0.139 2)	(0.041 9)	(0.082 5)	(0.087 5)	(0.065 4)
	shus			28.341 8***		23.519 8***
				(0.308 6)		(0.241 4)
	ch				7.662 1***	6.011 8***
					(0.157 0)	(0.104 5)

（2）产业互联网缓解实物期权价值下行风险的效应分析

继续采用数实融合和交易效率来分析产业互联网对化解实物期权价值下行风险的作用。由表4-18第（1）列可知，企业登录产业互联网后，通过产业互联网的产融服务和咨询功能，会创造出更多的兼并融合机会，促进数字经济与实体经济融合；由第（2）列可知，产业互联网与交易效率呈正相关，即登录产业互联网能提升存货合理容量，提高生产交易效率；第（3）列说明企业通过数实融合，产业互联网能有效缓解企业实物期权价值的下行风险；结合第（4）列来看，存货会缓解企业实物期权价值的下行风险，而登录产业互联网平台能缓解企业实物期权价值下行风险。在双重纠偏模型下，产业互联网平台缓解企业实物期权价值下行风险的作用依旧显著。

表4-18 产业互联网缓解企业下行风险的效应分析

变量		(1) shus	(2) ch	(3) down	(4) down	(5) down
中介效应三步法	PF	0.147 9***	0.081 6***	-0.252 9***	-0.103 2*	-0.101 3*
		(0.022 7)	(0.026 6)	(0.051 2)	(0.043 4)	(0.043 4)
	shus			-0.057 0**		-0.056 9***
				(0.020 5)		(0.020 5)

续表

变量		(1) shus	(2) ch	(3) down	(4) down	(5) down
中介效应三步法	ch				-0.140 1***	-0.047 1***
					(0.030 6)	(0.016 3)
Lasso双重纠偏DDL模型	PF	4.568 5***	0.184 7***	-0.293 6*	-0.103 2*	-0.101 4*
		(0.139 2)	(0.041 9)	(0.145 3)	(0.043 7)	(0.043 6)
	shus			-0.057 0***		-0.056 9***
				(0.020 6)		(0.020 6)
	ch			-4.107 7***		-0.047 1***
				(1.139 3)		(0.016 4)

(3) 多中介因果路径分析

借鉴周（Zhou，2022）、周等（Zhou et al.，2023）、陈少凌等（2024）对多中介因果路径的分析方法，对产业互联网分别对企业实物期权价值上升推动机制及下行风险缓解机制做因果路径分析。先对上述中介变量进行 Bootstrap 多中介效应检验，Bootstrap 方法通常会计算出参数的置信区间。一般来说，如果置信区间不包含 0，那么可以认为效应是显著的。由表 4-19 可知，up 与 down 的两类中介效应均显著。

表 4-19 中介效应 Bootstrap 检验

模型	检验假设	CI	结果
up	β（数实融合）= 0	(-0.004 96, 0)	单中介效应显著
	β（存货）= 0	(-0.000 295, 0)	单中介效应显著
	β（数实融合）= 0 &β（存货）= 0	(-0.000 9, -0.000 1)	多中介效应显著
down	β（数实融合）= 0	(-0.153 9, -0.06)	单中介效应显著
	β（存货）= 0	(-0.319 7, -0.20)	单中介效应显著
	β（数实融合）= 0 &β（存货）= 0	(0.001 2, 0.005 9)	多中介效应显著

第4章 我国产业互联网发展对制造业转型升级的作用效应研究

PF 是本部分中的关键变量，M_1、M_2 和 M_3、M_4 分别代表两种影响机制中的两个可能的中介变量，二者对结果变量 up 和 down 的影响均依赖于 PF。M_1 和 M_2 二者具有先后顺序，分别称为因中介与果中介。所以，关键变量对结果变量的平均处理效应为：

$$\text{ATE}_{up} = E\begin{bmatrix} up(1, M_1(\text{PF}), M_2(\text{PF})) \\ - up(0, M_1(\text{PF}), M_2(D, M_1(D))) \end{bmatrix} \quad (4-11)$$

$$\text{ATE}_{down} = E\begin{bmatrix} down(1, M_3(\text{PF}), M_4(\text{PF})) \\ - down(0, M_3(\text{PF}), M_4(D, M_3(D))) \end{bmatrix} \quad (4-12)$$

因此，产业互联网影响企业实物期权价值提升的多中介因果路径研究结果见表4-20。与前文的分析一致，产业互联网对企业实物期权价值提升作用显著。企业登录产业互联网，通过数实融合 M_1 直接影响企业实物期权价值，以及因中介存货影响中介 M_2 进而影响企业实物期权价值的链式中介效应，占总效应的-3.448%；产业互联网企业通过存货 M_2 间接影响企业实物期权价值的效应，占总效应的1.724%。由此可知，企业运用数实融合对刺激企业实物期权价值的提升作用并没有达到预期效果，这与数实融合呈现出的"数字化悖论"有关。企业数字化与绩效之间呈倒"U"形关系，在数字化投入初期，企业投入大量的数字资源打造数字化产业并不会立即收获高经营绩效，反而可能因为投入过多导致企业现金流紧张。而在本部分中，由于样本中有大部分企业是2021—2022年才登录产业互联网平台实施数实融合。因此，产业互联网平台通过数实融合提升交易效率，促使企业实物期权价值上升这一因果路径的效应还未显现，未来将呈现出巨大的潜力。

表4-20 产业互联网提升企业实物期权价值的因果路径

路径	评估	效应	
PF→up	0.059**	101.724%	直接效应
PF→M_2>up	0.001*	1.724%	非链式效应
PF→M_1>up	-0.002***	-3.448%	链式效应
总效应	0.058***	100%	

注：→代表直接效应；>代表链式效应；全书同上。

如表 4-21 所示,产业互联网通过数实融合 M_3 直接缓解企业业绩下行风险的直接效应为 13.790%;产业互联网企业通过交易效率 M_4 间接影响企业业绩下行的非链式效应,占总效应的 19.160%。产业互联网通过数实融合提高交易效率,缓解企业实物期权价值下行的链式效应为 84.290%。同时,当加入中介变量后,产业互联网与企业业绩下行风险之间的直接因果关系变得不显著,说明数实融合与交易效率在产业互联网与企业实物期权价值下行之间发挥着完全中介的作用。链式中介因果路径分析将数实融合和交易效率对产业互联网与企业业绩下行风险的关系更加明显地展露出来。这表明数实融合在产业互联网缓解企业实物期权价值下行中的作用显著大于交易效率,当企业面临经营困难时,善用数字化技术根据经营情景及时改进实体业务执行,将会大大降低企业实物期权价值下行的风险。

表 4-21　产业互联网缓解企业实物期权价值下行风险的因果路径

路径	评估	效应	
PF→down	-0.036	13.790%	直接效应
PF→M_4>down	-0.005*	19.160%	非链式效应
PF→M_3>down	-0.220***	84.290%	链式效应
总效应	-0.261***	100%	

产业互联网影响企业实物期权价值可以分为两个部分:刺激上行潜力和缓解下行风险。在这一机制中,数实融合的效应分别占平均总效应的 -3.448% 和 84.290%,共计 80.842%;交易效率的效应分别占平均总效应的 1.724% 和 19.160%,共计 20.884%。数实融合效应大于交易效率效应,说明在产业互联网影响实物期权价值的机制中,数实融合更为重要。总的来说,企业登录产业互联网,借助数字经济提升了融合程度,有助于企业业绩上升,并缓解企业实物期权价值下行的风险。

4.2.5　产业互联网对上市公司实物期权价值影响效应的总结

前文以 2007—2022 年制造业 A 股上市公司作为样本,研究企业登录产业互联网对企业实物期权价值的影响及其作用机制。通过分析得到的主要结论如下。

一是从作用效果来看：产业互联网能提升企业实物期权价值及缓解企业实物期权价值下行的风险。进一步从区域异质性来看，中西部企业产业互联网缓解价值下行风险的作用胜过东部企业。从企业自身特点异质性来看，自身研发能力较弱的企业，无论是产业互联网平台对实物期权价值的提升作用还是缓解下行风险的作用，都要比自身研发能力强的企业更大，持有金融机构股份的企业登录产业互联网能有效促进其实物期权价值提升及缓解价值下行风险。

二是从传导路径来看：产业互联网通过数实融合效应和交易效率促使企业实物期权价值上升，通过数实融合提高生产率效应来缓解企业实物期权价值下行的风险；在产业互联网对企业实物期权价值的影响机制中，数实融合效应的影响超过交易效率的作用。

4.3 产业互联网促进我国制造业转型升级的案例分析

4.3.1 以智能物流服务为核心的产业互联网平台案例：宏图智能物流

1. 宏图智能物流简介

宏图智能物流产业互联网平台（简称宏图智能物流）成立于2005年，是一家以智能物流服务为核心的创新型企业。在数字化转型和工业4.0的大背景下，该平台利用人工智能、大数据分析、云计算及物联网等尖端技术，致力于打造一个高效、共享、开放且协同的产业生态系统，旨在通过科技驱动整个供应链的效能提升和资源优化配置。自创立以来，宏图智能物流秉持成为全球领先的智能物流解决方案提供商的愿景，不断深化对物流行业痛点的理解，提供精准的货物追踪、智能仓储管理、自动化分拣及实时路况分析等综合服务,显著提高了物流效率和准确性。强大的数据处理能力使平台能够为用户提供实时的业务分析报告和决策支持,帮助用户降低成本,提高运营效率。

宏图智能物流灵活的服务模式能够满足 B2B 和 B2C 客户的多样化需求,为各类用户提供定制化的物流解决方案。同时,通过与众多物流企业、电商平台、制造企业等建立合作关系,形成了一个强大的产业联盟,共同推动智能物流的发展。随着技术的不断进步,宏图智能物流持续投资进行研发,拓展服务范围,并深化与合作伙伴的联动,从而不断优化用户体验。公司致力于在未来几年内成为智能物流领域的领跑者,为客户创造更多价值,并为社会构建更加高效、绿色、智能的物流体系贡献力量。

宏图智能物流产业互联网平台以其创新的技术、灵活的服务和强大的生态网络,引领着物流行业的智能化变革。它的成立,不仅标志着一个新类型的产业互联网平台的诞生,更预示着物流行业向数字化、智能化的大步迈进。

2. 宏图智能物流平台启动阶段

在平台启动的初期,宏图智能物流面对的首要任务是深入了解市场需求和潜在客户的痛点。在这一阶段,其侧重于挖掘需方用户(主要是货主企业)的深层次需求,以此为出发点来优化服务质量,并增强用户体验。由于产业互联网平台用户的异质性和需求的多样性,传统的消费互联网平台通过补贴策略吸引用户的方法不再有效。因此,宏图智能物流认识到,关键在于准确识别出关键用户群体,深入挖掘他们的需求,并通过提供量身定制的服务来提升整体的用户体验。

(1)瓶颈问题甄别:用户体验梗阻

宏图智能物流在启动阶段的瓶颈主要体现在对用户需求缺乏深度挖掘及业务逻辑的复杂性。这导致用户体验受阻,无法顺利扩展平台用户基础和提高市场占有率。为了解决这些问题,宏图智能物流采取了两项核心措施:一是对平台架构进行精练,确保其既能支撑当前服务又具备未来可扩展性;二是加强与用户的关系连接,建立高效的沟通机制,快速准确地收集和回应用户反馈。

（2）价值共创行动：平台架构精练、用户关系连接

针对平台架构的精练，宏图智能物流进行了一系列的改革。首先，公司技术团队对既有的拉货宝平台进行了全面审查，摒弃了那些不必要的功能模块，简化了操作流程，使用户界面（User Interface，UI）设计和用户体验（User Experience，UX）更加友好。同时，通过对后台系统的优化，提高了数据处理能力和服务响应速度。公司还引入了先进的大数据分析技术，对用户行为进行多维度分析，从而更准确地预测市场趋势和用户需求。

（3）价值共创结果：用户体验提升

在用户关系的优化上，宏图智能物流建立了更紧密和直接的沟通渠道。除了常规的市场调研和用户访谈，公司还设立了客户服务热线和在线客服平台，为用户提供即时支持。同时，宏图智能物流还定期举办用户研讨会和论坛，邀请客户参与到服务设计和改进的过程中来。这不仅能让用户感受到自己的声音被重视，也帮助公司更快地捕捉到用户需求的变化，及时调整服务内容。

价值共创的结果是显著提升了用户体验。随着服务逻辑的清晰化和用户需求的深度满足，客户对平台的满意度和忠诚度有了明显提高。司机们表示，新平台的使用让他们感到更自在，因为不仅货主对他们的运输服务更放心，而且车后服务的相关需求也得到了更好的解决。货主们则发现，新系统提供的数字化监管调度服务大大增强了交易的安全性，减少了潜在的风险。

（4）价值共创机制：平台架构归核

价值共创机制体现在平台架构的归核上。宏图智能物流意识到，在满足异质性用户需求的同时，必须保持平台架构的有序性和可管理性。因此，公司在保留核心服务的基础上，优化和精简了外围互补组件，降低了平台的复杂性。这不仅减轻了协调不同利益主体的难度，还提高了推进用户关系连接的质量，最终实现了基于关系的跨边网络效应。

3. 宏图智能物流平台成长阶段

随着平台的基础架构和用户关系的逐步完善，宏图智能物流进入了平

台成长阶段。在这一关键时期,公司面临着如何在激烈的市场竞争中巩固并扩大其平台的竞争优势的挑战。

(1) 瓶颈问题识别:平台优势弱化

用户体验障碍成为案例企业平台启动阶段的主要"瓶颈",体现在对用户需求的浅层理解和业务逻辑的复杂性上。由于用户异质性,传统的消费互联网平台的补贴策略并不适用,产业互联网平台需要精确识别并深挖关键用户的需求,以增强用户体验。在案例中,虽然货主企业被确认为关键用户群,但对其痛点的深入理解不足,导致无法充分满足其需求。此外,频繁的人员变动和对客户需求无筛选地接受,导致系统复杂且难以优化,从而影响整体的用户体验。

(2) 价值共创行动:平台垂直整合、用户关系嵌入

在平台启动阶段,为了解决用户体验的障碍,案例企业采取平台架构优化和加强用户关系的策略。这包括去除不必要的平台功能,专注于提升核心服务的质量,并针对关键用户——货主企业的具体需求进行深入分析。通过设置过滤机制和建立数字化监管系统,企业能够确保交易流程的安全,提高服务质量。此外,通过与用户的共同调研和定制服务,企业不仅强化了与关键用户的连接,还促进了平台架构的简化和服务的完善。

(3) 价值共创结果:产业效率改善

用户体验的提升作为价值共创的成效,反映在服务逻辑的简化和用户需求的深入满足上。平台架构经过优化后,业务逻辑变得更加清晰,用户体验得以改善。正如宏图智能物流创始人所描述,新版本的拉货宝用户界面更为直观,且更加灵活地适应客户需求的变化。同时,通过与用户的紧密合作,平台能够更好地识别和满足核心用户的需求。如司机所述,新平台不仅增强了货主对运输过程的信任,还解决了车后服务的相关需求,显著提高了整体的用户体验。

(4) 价值共创机制:平台架构扩展

价值共创机制在此阶段体现为对平台架构进行归核处理,即聚焦于核心层服务,并精简外围层的补充组件。这种做法既满足了不同用户的特定需求,又保持了系统组件间的兼容性,从而在提升用户体验的同时,降低

了平台复杂性。通过这种方式，平台不仅降低了管理和协调多方利益的难度，还强化了用户之间的关系网络效应，促进了平台的整体价值增长。

4. 宏图智能物流平台拓展阶段

在平台拓展阶段，案例企业通过采用横向扩展策略和加强用户关系，成功构建了 SCIL+LHB 双平台工业供应链综合服务体系。这种双层嵌套的产业服务架构有效地促进了企业的可持续发展和协同创新。

（1）瓶颈问题甄别：平台拓展困境

案例企业面临的平台拓展挑战在于如何平衡定制化服务与市场拓展之间的矛盾。整合内部管理平台 SCIL 和外部交易平台 LHB 后，该公司需满足不同规模用户的服务需求并实现全链路协作。选择定制化可深入满足大客户需求，但限制了快速扩张；而标准化能更广泛地吸引用户却可能引发激烈竞争。因此，公司必须在提供个性化服务与迅速扩大市场份额之间找到平衡点，以促进平台的长期健康发展。

（2）价值共创行动：平台水平包络、用户关系锁定

在平台拓展阶段，案例企业采取了两项主要的价值共创行动：平台水平包络和用户关系锁定。通过开发标准化的 SCILs 服务平台及与其他物流平台的互联互通，公司实现横向扩展，快速吸引产业链前端的用户企业，并为大型制造企业提供个性化的定制服务。此外，公司通过与韵达快递和开封交通运输集团等同行业物流企业合作，扩大市场覆盖范围，共享资源。

在用户关系锁定方面，大型制造企业用户逐渐从使用单一的全链物流服务转变为与平台深度捆绑，并成为平台重要的战略合作伙伴，共同推进领域内的深度合作项目，如智能供应链项目。这使公司能够利用行业数据持续为用户赋能，与用户形成稳固的合作伙伴关系。

（3）价值共创结果：平台良性扩展

在产业互联网平台的发展中后期，案例企业实现"质"与"量"并举的可持续扩展路径，促进了平台的良性增长。从量化角度来看，该公司通过与其他物流平台的合作，迅速扩展到新市场，并在 23 个省（区、市）的多个行业中推广应用。从质量方面来看，公司依托全链物流服务开发定制

平台和深化用户关系，与用户共同进行专业化投资，形成自我增长的生态系统，并获得了行业内的认可。

(4) 价值共创机制：平台架构嵌套

在平台拓展阶段，案例企业采用了一种创新的价值共创机制，即"核心—外围平台"的嵌套架构。这种架构设计允许企业同时提供标准化服务和定制化解决方案，以应对不同市场需求。标准版 LHB+SCIL 平台构成核心，提供跨品类、跨行业的全域服务，同时通过与其他平台的互联互通，降低了进入新市场的障碍。而外围平台则在标准服务的基础上，加入特定的定制化服务，如针对危险品物流增加的安全监控系统，以满足用户的特殊需求。这样的平台架构不仅实现了服务范围的广泛覆盖，还能够深入挖掘各个细分市场的潜力，从而推动平台生态的良性拓展。

5. 宏图智能物流对推动制造业转型升级的作用总结

根据以上分析，可梳理出宏图智能物流在促进制造业转型升级方面的作用，主要体现在以下几个方面。

(1) 优化供应链管理，提升效率与成本控制

首先，宏图智能物流能够提供一站式物流服务，包括物流咨询、采购物流、生产物流、销售物流、仓储服务等多个方面。这种一站式的服务模式有助于降低制造业企业的运营难度，使企业能够更加专注于核心业务的发展。其次，该平台通过数字化手段，整合了供应链物流的各个环节，实现了供应链数据的精准分析与协调管控。最后，该平台提供的智能化、高效化的物流服务，将大幅度提升企业的客户满意度和品牌形象。这些均有助于制造业企业优化供应链管理，提升物流效率，降低运营成本，增强企业的市场竞争力。

(2) 推动制造业数字化转型，提升智能化水平

宏图智能物流通过运用物联网、大数据、云计算等先进技术，能够为企业提供定制化的智能物流解决方案，实现生产、运输数据的互联互通，在提升制造业的智能化水平的同时，推动制造业的数字化转型。这种数字化转型不仅提高了企业的运营效率，还提升了企业的市场竞争力。

(3) 促进制造业与物流业深度融合，实现协同创新

宏图智能物流积极与制造业企业携手前进，通过资源共享、数据共享等方式，推进制造业与物流业的深度融合与协同创新。这种融合创新有助于打破行业壁垒，促进产业链上下游企业的紧密合作，共同推动制造业的转型升级。

4.3.2 以供应链金融服务为核心的产业互联网平台案例：创捷公司

1. 创捷公司以供应链金融服务为核心的产业互联网平台简介

深圳创捷供应链有限公司（简称创捷公司）成立于2007年，是一家以信息技术为核心，依托电子商务和供应链服务的高新技术企业。公司集供应链管理、进出口贸易、电子设备器材采购销售和供应链系统研发于一体。主要产品类型包括IT产品、通信产品、新材料新能源产品和消费类电子产品等。创捷公司凭借其强大的供应链管理能力，在其产业互联网平台上为创客们提供真实有效的订单，使创客们即使面临资金短缺也能保持业务正常运转。在创捷公司整合的虚拟产业集群中，许多从事手机产业的中小企业拥有良好的技术和稳定的订单。但由于规模较小、发展不够完善等原因，它们在信用、资产和资金方面面临挑战，其中资金约束是主要问题。因此，快速回款成为这些企业在虚拟产业集群中的首要诉求。为解决中小企业的资金问题，创捷公司利用虚拟轻生产平台和虚拟供应链网络构建的交易结构和信息流，与银行等金融机构合作，实施供应链金融业务。公司通过整合虚拟产业集群，实现了横向一体化运作，并在产业互联网平台上基于虚拟供应链为各类中小企业提供供应链金融服务，有效提升了产业竞争力。

2. 创捷公司供应链金融服务分析

（1）与金融机构合作获取资金并提供代垫代付服务

创捷公司通过虚拟供应链整合虚拟产业集群成员，协助平台创客组织

生产。针对虚拟产业集群中大多数中小企业对快速回款的迫切需求，创捷公司基于虚拟供应链运作提供代垫代付服务。该公司的业务流程如下：首先，凭借其强大的供应链管理能力和良好的商业信用，创捷公司轻松获得来自银行等金融机构的授信；创客企业与创捷公司轻生产平台签署合作协议后，创捷公司为其指定的国内外原材料供应商、加工厂和第三方物流企业提供代垫货款，包括采购、组装和配送等环节；产品完成生产并交付后，创客企业与创捷公司结算，最终创捷公司与银行结算利息，银行获得利息收入。这一过程有效解决了组装厂、第三方物流和原材料供应商等资金短缺问题，提高了交易效率，确保了虚拟生产顺利进行。同时，创捷公司还提供全程物流服务和产品管理，融入创客企业的产品虚拟生产供应链运营中，从而获取代理服务费和资金融通费，进一步提高了经营效益。

（2）通过其供应链金融平台直接开展的应收账款保理业务

创捷公司为其产业互联网平台中的 2500 多家国内原材料或零部件供应商及 70 余家加工组装厂提供了应收账款保理服务。在虚拟供应链网络运作中，创捷公司的轻生产平台与供应商、组装厂等签订协议，形成应收账款。供应商和组装厂可以将应收账款转让给创捷公司互联网供应链金融平台的保理公司，该保理公司提前为它们进行出账，最后与创捷公司的轻生产平台结算。这种应收账款保理服务使供应商和组装厂能够提前获取资金，有效缓解回款问题。相比传统金融机构的保理业务，创捷公司的保理服务由于原材料供应链和组装厂都位于创捷公司的虚拟供应链网络中，因此保证了应收账款的真实性和可靠性。

（3）通过其供应链金融平台直接开展的融资租赁业务和保理业务

在创捷公司的产业互联网平台中，由于购置设备的资产专用性较高，许多中小组装厂都通过设备租赁来进行生产，因为生产设备需要较大的金额，组装厂通常无法一次性支付。为了解决这一问题，创捷公司为加工组装厂提供了设备融资租赁服务。具体流程如下：首先，创捷公司的轻生产管理平台与组装厂签订融资租赁协议；其次，平台直接向设备提供商下单采购，并由融资租赁公司支付租赁货款，设备提供商负责提供设备和相关服务支持；最后，组装厂通过运营收入向融资租赁公司支付租金。这种融资租赁服务有效减轻了组装厂的财务压力,使其能够提前使用租赁设备开展生产,保障了虚拟供应链的顺利运转。

3. 创捷公司以供应链金融服务为核心的产业互联网平台面临的挑战及对策

(1) 面临的挑战

① 供应链中的某一企业出现问题会给其他企业造成负外部性

由于创捷公司基于产业互联网平台,具有强大的供应链整合与集成能力,该平台不只是一个简单的网络连接,而是将整个供应链的多环节与多流程进行了链式专业化整合。这种整合涵盖了从接单、采购、设计、制造,一直到交付结算等全流程,实现了供应链中各个环节的高度协同与一体化。因此,当创捷公司产业互联网平台中的某一企业出现问题时,可能对其他企业造成负外部性影响。因为整个供应链的协同与一体化特性,问题可能快速扩散,影响整个生产和交付流程。例如,如果某个企业在平台上的设计环节出现延误,将直接影响采购和制造环节的工作进度,进而影响交付给客户的时间和质量,从而给其他企业带来负面影响。因此,创捷公司产业互联网平台中某一企业出现问题,可能在整个平台上产生连锁反应,给其他企业造成负外部性影响。

② 供应商、工厂及项目管理员之间进行串通勾结进行虚假项目运作

在产业互联网平台中,供应商、工厂及项目管理员之间通常存在紧密的合作关系。首先,供应商与工厂之间的关系包括供应链管理、订单处理、质量管理和价格协商等。供应商通过平台与工厂建立供应链关系,管理物料采购、供应计划和交付等环节。工厂通过平台向供应商发起订单,包括物料需求、数量规格、交付时间等信息。供应商通过平台上传产品质量数据和检测报告,工厂可以查看和审核,确保供应品质。供应商和工厂可以通过平台进行价格协商和合同签订,确保价格透明和合理。其次,工厂与项目管理员之间的关系包括生产计划、生产进度跟踪和质量验收等。项目管理员通过平台向工厂下达生产任务和计划,包括生产数量、交付时间、工艺要求等。此外,项目管理员也可以通过平台实时监控工厂生产进度和

产能利用情况,及时调整生产计划。在工厂完成生产后,项目管理员通过平台进行质量验收和产品检测,确保产品符合要求。最后,供应商、工厂及项目管理员之间的关系主要表现为协同合作。产业互联网平台上的信息共享功能可以让供应商、工厂和项目管理员之间实时交换信息,提高沟通效率。在生产过程中出现的问题或变更需求可以通过平台进行及时沟通和协调,保障项目顺利进行。三者之间存在紧密的协同合作关系,供应商、工厂和项目管理员可能串通勾结,合谋提供虚假的产品质量数据或检测报告,如果项目管理员参与其中,就会导致产品质量不达标或无法满足项目要求。除此之外,项目管理员还可能与供应商和工厂共谋,篡改项目信息或进度数据,以获取虚假的项目进展和成果,欺骗投资者或上级管理层。

(2) 相应的对策

① 运用关系治理和建立供应链风险管理机制降低负外部性

在创捷公司的产业互联网平台管理中,创捷公司应充当协调员,运用信任、声誉、联合制裁和合作文化等关系治理机制,消除不利于共享平台健康运转的小团体、小圈子,促进战略关系的形成和发展。通过供应链金融服务,在实现资源整合与优化配置的同时,缓解产业中的中小微企业的资金约束,降低供应链财务成本,使产业中的资金流得以优化,提高供应链运营效率,降低交易成本,实现外部性内部化,从而有效降低负面外溢性的影响。除此之外,创捷公司可以通过建立供应链风险管理机制,对供应商进行评估和监控,及时发现潜在风险并应对,同时建立多元化的供应商网络,减少对单一供应商的依赖。加强供应链协同管理,促进信息共享和协作,提高供应链灵活性和应对能力。

② 通过信息治理解决产业互联网平台中的信息不对称问题

创捷公司有必要建立完备的信息化系统。这一系统不仅将内部信息管理和供应链系统进行紧密集成,还要实现全流程信息的收集、过滤、分析、管理、生成和传递。完备的信息化系统可以确保参与主体之间在协同合作过程中,产生高质量、真实的业务、流程、数据和行为。通过这一系统,创捷公司可以有效防止供应商、工厂及项目管理员之间的串通勾结和虚假项目运作,提高供应链金融绩效。这种全面信息化的管理方式将为公司创造更加透明、公平和高效的商业环境,从而推动企业的可持续发展和竞争力提升。

4. 创捷公司对推动制造业转型升级的作用进行总结

(1) 为中小企业提供资金融通,解决资金难题

创捷公司产业互联网平台专注于为通信产业中的中小企业提供资金融通,帮助它们解决资金难题,推动企业成长。这些企业大多数没有资产抵押、信用积累或成熟供应链,通常难以得到金融机构的服务。创捷公司的供应链金融与传统融资方式不同,它覆盖了整个产业互联网平台中的所有企业,并且可以有效降低风险。由于技术进步和融资渠道扩大,融资变得更便捷。无论线上还是线下,随时随地都可以完成。中小企业可以通过创捷公司产业互联网平台获得简便高效的融资流程,节省时间和精力。供应商不必亲自去传统金融机构,可直接在线申请融资,所有烦琐的步骤都能在线完成,降低了获取资金的时间成本。

(2) 推动供应链优化并产生反馈效应,提升企业运营效率与产业竞争力

创捷公司产业互联网平台作为企业孵化器,大大减少了企业管理人员数量,提高了企业运营效率和产业竞争力。一方面,在创捷公司基于虚拟产业集群的供应链金融支持下,创捷公司产业互联网平台孵化的创客企业不断增加。另一方面,创捷公司产业互联网平台与传统商业流程外包不同,其核心是利用分布式协同的产业互联网技术,实现供应商共享、产能共享、物流优化集约和财税金融专业化,让中小型商家专注核心能力,将非核心环节嵌入共享平台。因此,凭借强大的供应链整合与协同能力,创捷公司基于供应链结构和数据分析轻松实现对成员的资金融通,推动供应链优化并产生反馈效应,提高供应链网络中的人员利用效率。

创捷公司的金融服务为中小企业提供了发展所需的金融资源,而供应链整合服务则让众多中小企业能够集中资源和能力,有效管理供应链中的关键环节。通过整合多家企业资源和供应链流程,创捷公司在手机行业建立了生态圈,结合产业与金融,提升了全球竞争力。创捷公司的商业模式侧重于通过供应链整合与服务创新为客户创造价值,实现盈利。这种商业

模式对中国制造业和服务业的转型升级具有推动作用。

4.3.3 以大规模智能定制服务为核心的产业互联网平台案例：海尔集团的卡奥斯平台

1. 相关背景

在数字时代的浪潮下，消费者的购买行为正在向个性化、多样化和高品质的趋势演进。面对这一变化，传统制造业依靠大规模、标准化的生产方式所奉行的低效率、低成本模式，已不足以迎合互联网时代消费者的新需求。长期以来，市场一直面临一个难题：如何调和追求个性化的高效能、高成本定制生产与低成本、低效率的大规模标准化生产之间的矛盾，供需难以有效对接。受限于特定的生产组织方式、交易模式和技术运作，生产者往往难以实时准确地把握大众的个性化需求，也难以低成本地应对众多差异化需求。这进一步导致了大规模生产所需的需求稳定性与不断变化的消费动态之间的冲突，以及生产者追求规模经济与消费者个性化需求之间的不匹配。为了解决这些问题，生产者不得不寻求将标准化和非标准化生产进行适当结合的策略，并尝试通过提供多样化的产品选项来预测和满足消费者偏好。

要弥合传统生产模式与用户需求之间的鸿沟，关键在于深入理解个性化消费需求的本质，并找到将其与大规模标准化生产有效衔接的方法。实现从概念到现实的大规模定制，意味着要将定制化推向极致，不仅应在生产组织过程中对个性化需求进行有效的标准化处理，而且要确保这些经过标准化处理的需求能够在最后还原成个性化产品。因此，实现大规模定制，需要我们从生产的出发点转向需求端，并按照"个性化需求—标准化生产—个性化还原"的逻辑链条进行分析。互联网技术的应用为实现这一逻辑提供了必要的组织和技术基础。构建一个供需互动的数字生态系统，以用户为中心进行数字化转型，将是未来发展的关键所在。

2. 平台处于初创阶段，致力于解决生产制造企业的数字化转型问题

作为中国家电行业的领头羊，海尔集团自2005年起便开始探索制造业生产的转型之路。2012年，海尔集团进一步启动了网络化战略，借助互联网经济的优势，致力于将生产制造转向数字化、网络化和智能化，以此推动企业全面升级转型。同年，海尔集团在全球率先尝试打造互联工厂。2015年，海尔集团在沈阳建成了冰箱互联工厂，标志着其成为中国制造业向智能制造迈进的领跑者，并引入了以用户参与为核心的大规模定制模式。2016年年初，海尔集团正式推出了卡奥斯（COSMOPlat）工业互联网平台（简称卡奥斯平台），旨在为国内制造企业提供以用户为中心的大规模定制服务，同时通过自身的创新生态圈助力不同制造能力的企业在智能制造方面实现转型。

为了解决传统制造业供需不匹配的问题，卡奥斯平台依托"大连接、大数据、大模型"的根本性技术创新，打造智能交互引擎：在需求端，个性化交互能感知并激发用户的切实需求；而在供给端，则通过网络化协同精准配置资源，实现灵活的生产模式，有效缓解供需错配的状况。卡奥斯平台总结了数字化转型的经验，创建了包括交互定制、开放创新、精准营销、动态采购、智能生产、智慧物流和智慧服务在内的七大模块系列软硬件产品矩阵，为制造业企业提供了按需选择和快速部署的解决方案。

在企业进行数字化转型的早期阶段，卡奥斯平台的专业团队会深入制造企业的实际环境，与管理者共同探讨并明确数字转型的意愿和态度，了解员工对数字变革的需求。达成一致意见后，专业团队将提供必要的数字技能培训和思维训练课程。制造企业还会设立相应的激励政策，鼓励部门和个人成为数字变革的先锋，并在组织内部营造积极的数字文化氛围。

在初步方案的定制过程中，制造企业可以利用通用型软硬件模块，避免重复研发的时间成本，并根据实际使用情况向工业互联网平台支付费用，从而提升数字化改造的效率。卡奥斯平台的数字专家会同企业内部技术人员，制定了信息基础设施的数字化升级改造方案，增强其连接性和智能化程度，以便适应数字化运营环境。对于那些需要较长时间进行数字化转型

的制造企业，卡奥斯平台采取了"局部试点、复制推广"的策略，先从价值链的某个环节开始改造，积累经验后再逐步推广至其他环节。这样既避免了转型周期过长带来的高沉没成本，又能确保企业的正常运营。

具体到机制运行层面，卡奥斯平台通过设置边缘网关，促进制造企业将运营流程要素进行标签化和数据化处理，基于统一的接口标准，消除"数据孤岛"，构建起一个全流程数据驱动的智慧运营框架。这样保证企业可以根据即时数据要求迅速而精准地配置资源，提升生产效率。实时分析工作负载数据，支持柔性化业务的自动排程，保障任务量的合理分配，降低运营中断风险。通过这种智慧运营架构的部署，制造企业能够兼顾效率和灵活性，形成数字运营的优势。设备开机率、作业率、流程进度、库存水平等关键指标数据被集中采集并接入工业互联网平台，卡奥斯平台利用数字孪生技术，可视化地呈现运营场景，实现对制造企业运营状态的远程监控和维护服务。通过对这些数据的深度分析，卡奥斯平台还能为制造企业提供更精细化的设备管理服务。

在针对特定领域的应用上，卡奥斯平台面对迫切需要进行数字化转型的陕西伟志集团股份有限公司，提供了一套完整的定制化软硬件开发与部署服务。这促进了该公司在整个生产流程中实现数字化管理和网络化合作，生产效率提升了25%，而产品交付周期也从之前的25～30天大幅缩短至10天。通过充分利用工业互联网连接各类要素、整个产业链和价值链，卡奥斯平台引导纺织服装行业走向一条成功的数字化变革之路。

综上所述，卡奥斯平台通过资源的最大化利用、智能化架构的部署及远程运维服务的实施，为制造企业提升其数字运营能力提供了强大的动力。这些制造企业在与平台不断进行数据交换和连接的过程中，逐渐转变为依托平台进行价值创造的智能价值节点。卡奥斯平台走出了一条"与大企业共建、与小企业共享"的发展道路。它与制造行业的龙头企业合作建立数据核心系统，统一数据标准，开放接口，用数据架构支持业务应用，形成问题解决方案并推广至整个行业。考虑到知识产权保护和隐私安全的问题，制造行业的平台架构中融入了区块链技术，采用非对称加密手段，使制造企业可以自主决定哪些数据可以共享。这种技术建立起了一个可信的、透明的、可追溯的数据权利链,确保了工业互联网数据的流通既可靠又安全。

3. 平台发展成熟阶段:以专业化服务能力提升汇聚生态化发展资源

卡奥斯平台联合行业内"老师傅"及技术、管理方面的"懂行人",共同将隐性知识与显性知识管理软件化与模型化,做深做透工业互联网业务应用,克服"隔行如隔山"困境,提升制造企业专业化服务能力。目前,卡奥斯平台面向不同制造行业的多元化场景共开发了 2 400 多种工业 App,专业化服务制造企业 8 万余家。

在产业链交互上,卡奥斯平台在推广制造行业解决方案的同时,化身为制造行业价值链交互的开放场域,吸引更多利益相关者加入,以提升平台的规模性与专业性。充分降低制造行业平台准入门槛,任何规模和资质的制造企业都可以链接到平台与上下游企业交互合作,目前已经链接制造企业超 90 万家。显著的专业化水平进一步增强了平台的吸引力,即越来越多制造企业主动链接到制造行业平台,随着平台服务的制造企业数量增多,卡奥斯平台对制造行业领域的业务知识与应用有了更深刻的理解与沉淀,专业化水平进一步提升,形成良性的价值循环。卡奥斯平台的工业 App 月更新率达到 79%,季度更新率达到 93%,客户企业的满意度接近 95%。

荣成康派斯新能源车辆股份有限公司的房车出口连续多年排名国内第一,但作为一家传统制造型企业,由于缺乏路径和模式,在转型升级中遇到了难题。卡奥斯平台对康派斯房车产业全价值链和产品全生命周期进行了转型升级,从交互定制、模块采购及智能制造 3 个点切入。在消费端,卡奥斯平台通过交互定制(COSMO-DIY)实现企业直接连接用户,及时了解用户的需求和痛点;在采购端,卡奥斯平台通过海尔集团的模块商资源平台海达源(COSMOHDY)聚集上下游共 132 家企业在平台针对大宗物料进行集约采购;在制造端,卡奥斯平台通过植入智慧生产(COSMOIM)智能制造模式,进行智能制造转型升级。卡奥斯平台最终助力康派斯房车交货周期从 35 天缩短至 20 天,月订单量从 210 辆增长至 300 辆、综合采购成本下降 7.3%。此外,卡奥斯平台还将互联工厂、智慧家电、车联网、房车营地和旅行爱好者连接在一起，帮助其建立一个从智慧房车到智慧出行的房车生态。

卡奥斯平台为链接到制造行业平台的企业贴上身份标签，可视化展示产能、信誉、资质等信息，方便价值链上下游企业打破信息不对称，快速识别与选择潜在合作伙伴。制造企业的仓储数据、进度数据及复杂需求数据都可以即时反馈到制造行业平台。上下游企业依托制造行业平台建立动态合作关系，通过实时数据交互与连接协调进度安排，提高分布式价值创造力量的协同性。卡奥斯平台基于物联网技术全过程跟踪制造企业价值活动，支持行业价值链中物资流、信息流、资金流等精准溯源，倒逼制造企业不断提升供给能力与质量，在打造用户青睐的高品质产品或服务的前提下，按照贡献权重合理分配价值，确保多方价值参与主体实现共赢。

海尔集团与众多企业合作建立互联工厂，并在卡奥斯平台上开展业务流通服务，针对企业需求对其进行赋能。传统企业在具备相应的数字化转型能力后，呈现出的特征有多元化、数字化和企业内部的价值共创。企业过去将发展集中于自身优势方向，而在数字化转型的趋势下，开始向以消费者需求为主的方向靠拢，以满足消费者需求和创造消费者价值为目标，并在此过程中与平台成为合作共生关系。因此，企业的发展方向变得越来越多元化，通过与消费者的互动、与平台之间的合作创造出更大价值。消费者群体与平台进行交互时，平台可以了解消费者的习惯和需求，满足消费者的个性化需求，同时，可以使企业和平台更加熟悉当前的市场环境，从而更加精准地作出管理决策。因此，消费者群体在数字化赋能背景下所具备的特征可以概括为网络化、社会化和个性化。随着互联网的发展，消费者可以随时随地在网络上查阅信息并表达自身需求。企业和平台通过消费者在社交媒体上留下的数据，对消费者的习惯和需求进行准确定位。消费者个性化的特征逐渐凸显。在便捷的网络环境下，消费者可以轻松地通过定制来满足自己的个性化需求；企业和平台通过提高自身技术水平来满足消费者的诉求，打造消费者个性化场景。

为了提升对外赋能新高度，卡奥斯平台构建了"大企业共建、小企业共享"的模式。大企业在知识、经验和人才方面都有深厚的行业积累，通过与卡奥斯平台合作共建，行业龙头企业可以通过该平台实现模式创新，进一步巩固行业领军位置。例如，中国船舶沪东重机有限公司（简称沪东重机）作为中国舰船发动机领域的骨干企业，零部件管理效率低下一直是其核心痛点。在与卡奥斯平台合作后，利用物联网、数字孪生等前沿技术，沪东重机打造了专属的数字化智慧仓储平台，生产效率提升了15%，库存量降低了13%，账实一致率提升90%，用户体验得到显著提升。卡奥斯平台还针对船舶行业面临的产品物料种类杂、质量要求高、追溯难度大、孤岛数据多等共性痛点，提供了船舶行业工业互联网平台解决方案，促进了船舶行业内更多企业实现产品升级和业务模式转型。相对而言，中小企业需要更低成本、更简单的解决方案，它们通过使用该平台可以共享卡奥斯平台的资源，通过打造全方位一体化的生态圈，连接全球资源，实现智能化、信息化和网络化的转型升级。例如，在助力中小企业转型升级方面，卡奥斯平台打造了纺织服装子平台海织云，通过定制、采购、智造、销售等多模块赋能，助力青岛环球服装有限公司实现从大规模制造向大规模定制的转型，生产效率、定制产品毛利率和产值都得到了显著提升，而产品库存量降低了35%，交货周期从45天缩短至7天。

综上所述，通过采取广域联合共建、深度开放吸引和信息透明共享的方式，工业互联网平台提高了跨行业专业性，在更好地服务于制造企业的同时，吸引多个制造行业中的上下游企业主动链接到平台，持续地进行数据分享与交互，构建依托平台的智能价值链条。

4. 平台未来展望：畅通全产业链、跨行业数据流动渠道，实现生态化发展

卡奥斯平台依托工业互联网平台构建智能制造生态系统，营造产业数字集群规模效应。一是打通"产学研供销服"全价值链条。通过构建以制造企业需求为导向的协同创新式工业互联网平台，促进资金、人才、技术等充分流通，形成多边、开放和透明的工业互联网生态治理格局。二是推动数据流动，加快工业互联网生态集聚。通过为制造企业价值链参与主体营造数据共享、交互和流动的场域环境，催生网络化协同、个性化定制、按需制造、共享制造等新模式、新业态，吸引更多上下游制造企业主动链接到平台，打造数字商业生态网络。三是重点扶持产业链供应链自主可控的关键价值链参与主体，打造专精特新中小企业群体，并充分发挥"链主"企业带头作用，提高与中小制造企业的数据资源共享能力，促进大中小制造企业融通集群发展。

在这个工业互联网助力产业升级、技术创新的时代，卡奥斯平台将围绕经济高质量发展，聚焦产业链、供应链，通过发挥工业互联网作用补短板、锻长板、强企业，增强产业链供应链自主可控能力，进一步提升平台核心能力，加快打磨产品升级和服务，把行业最佳实践进行跨企业、跨区域复制推广，有效链接产业链、资金链、人才链、技术链，由点到链再到圈，构建工业新生态，贡献自己的创新实践与价值成果。

5. 卡奥斯平台对促进制造业转型升级的作用总结

从以上卡奥斯平台发展过程分析，我们可以看出其在促进制造业转型升级方面发挥了至关重要的作用，其作用主要体现在以下几个方面。

（1）推动个性化定制与大规模生产相结合

卡奥斯平台通过大规模定制模式，实现了个性化定制与大规模生产的有机结合。这一创新模式打破了传统制造业的局限，使企业能够根据消费者的个性化需求进行灵活生产，同时保持高效率、低成本的优势。这不仅满足了市场的多元化需求，还提高了企业的市场竞争力和盈利能力。此外，卡奥斯平台始终保持创新活力，不断推出新的技术和解决方案，以满足市场的不断变化和需求。同时，卡奥斯平台还积极构建开放、协同的工业互联网生态体系，吸引更多的企业、机构和研究单位加入其中，共同推动制造业的转型升级和可持续发展。

（2）提升数字化能力，实现智能制造

卡奥斯平台利用物联网、大数据、人工智能等先进技术，帮助企业提升数字化能力，实现智能制造。通过实时监控生产流程、优化资源配置、预测维护设备等措施，平台显著提高了企业的生产效率和产品质量。同时，智能制造还降低了企业的运营成本，提升了企业的市场适应能力。卡奥斯平台已经成功赋能了多座"灯塔工厂",这些工厂在数字化转型和智能制造方面取得了显著成效,这些示范案例为其他制造业企业提供了可借鉴的经验和模式,有助于推动整个制造业的转型升级。

(3)优化供应链管理,促进产业链协同

卡奥斯平台通过连接上下游企业,促进了产业链的协同合作。首先,平台提供了一站式的供应链管理解决方案,包括采购、库存、物流、销售等环节的全面优化。这不仅降低了企业的运营成本,还提高了供应链的响应速度和灵活性,使企业能够更好地应对市场变化。其次,卡奥斯平台不仅服务于大型企业,还积极赋能中小企业,通过提供行业解决方案、技术支持和培训等服务,帮助中小企业提升了自身的数字化能力和市场竞争力。这种协同发展模式有助于形成更加完善的产业生态体系,推动整个制造业的转型升级。

4.4 我国产业互联网在制造业转型升级中的作用

根据上述我国产业互联网发展对制造业不同类型企业作用的实证检验及典型案例分析可以看出,当前我国产业互联网的发展对制造业转型升级的作用体现在多个关键方面,这些作用共同推动了制造业向数字化、网络化和智能化迈进。

4.4.1 提升企业资源配置效率与市场竞争力

产业互联网通过数字化、网络化和智能化的手段,实现全产业链的互联互通。一方面,这有助于企业实时监控生产流程,优化资源配置,缩短产品研发和生产周期,从而降低生产成本,提升市场竞争力;另一方面,产业互联网为企业提供了更广阔的市场空间。通过电商平台、社交媒体等渠道,企业能够更便捷地触达消费者,了解市场需求,并通过数字化营销、精准定位等手段,树立更加鲜明的品牌形象,提升市场竞争力。

4.4.2 推动制造业智能化升级

产业互联网促进了人工智能、大数据等新一代信息技术在制造业的应用。这些技术的集成应用,如智能巡检机器人、智能生产调度系统等,显著提高了企业的生产效率和资源利用率。同时,产业互联网还推动了智能制造的发展,使企业能够实现大规模个性化定制生产,满足市场的多元化需求。

4.4.3 促进产业生态系统协同优化

产业互联网通过构建开放的产业生态系统,促进了企业间的协同合作。工业互联网平台汇聚了海量工业数据,打破了信息孤岛,使企业能够更便捷地共享资源、协同创新。这种协同优化不仅提升了产业链的整体效益,还降低了运营成本,提升了企业的抗风险能力。

第 5 章　制约我国产业互联网发展的因素

前述研究表明，无论是从理论还是实践来看，我国产业互联网能通过提升制造业企业的资源配置效率与市场竞争力、推动制造业的智能化升级、促进产业生态系统的协同优化等渠道带动制造业转型升级，因而其发展水平对制造业转型升级具有显著的正向促进作用。然而，当前我国产业互联网的发展受到了包括硬条件、产业基础、软环境等多方面因素的制约，抑制了产业互联网发展，也削弱了产业互联网对制造业转型升级的带动作用。

5.1　硬条件：基础设施不完善

当前，我国产业互联网发展所需的基础设施建设呈现出快速推进和不断完善的趋势，但仍存在网络基础设施覆盖面和完善度不高、工业网络的安全性与稳定性不足、数据中心的布局与算力分配不均衡、工业物联网设备的标准化与互操作性不够等问题，不能满足我国产业互联网快速发展的需求。

5.1.1　网络基础设施覆盖面、完善度不高

尽管我国在网络基础设施建设方面取得了显著成效，我国宽带网络实现了从十兆到百兆、千兆的快速增长，所有地级市都已建成光网城市，5G用户普及率超过60%，但网络基础设施的完善度和覆盖面仍有待提高。

1. 部分地区网络基础设施建设滞后，导致网络覆盖不足、带宽不够等问题

一是西部地区。西部地区由于经济基础相对薄弱、人口密度较低、地理环境复杂等多种因素，互联网发展的基础相对薄弱，建设起步晚，发展滞后，导致我国西部地区与东部地区相比在网络覆盖率、高速宽带网络普及、5G 基站建设等方面存在较大差距。根据工业和信息化部发布的《2024年1—8月份通信业经济运行情况》，截至 2024 年 8 月末，东部地区千兆用户渗透率达 29.9%，而西部地区则为 29.5%。在渗透率这一相对指标数值上表现的差距虽然不大，但在庞大的用户基数下，绝对数量的差异仍然显著；截至 2024 年 6 月末，东部地区的 5G 基站总数达到了 174.1 万个，占该地区移动电话基站总数的比重为 34.0%，西部地区的 5G 基站总数为 104.3 万个，占该地区移动电话基站总数的比重仅为 30.5%。

二是农村地区。同样受到人口密度、经济条件、地理环境等多重因素的影响，农村地区的网络覆盖不足、带宽不够等问题较为突出。根据中国互联网络信息中心（China Internet Network Information Center，CNNIC）发布的数据，截至 2023 年年底，我国网民规模达 10.92 亿人，平均互联网普及率达到 77.5%，而我国农村地区网民规模达 3.26 亿人，互联网普及率为 66.5%，远低于全国平均水平。

2. 网络基础设施自动化、智能化水平与产业互联网发展需求存在差距

一是虽然我国算力基础设施建设已达到世界领先水平，智能算力规模占比提升至 30%，云计算市场规模快速增长。然而，随着生成式人工智能技术的出现及国家数字化转型战略的全面深入推进，经济社会对算力基础设施的需求呈现出快速增长的趋势。算力基础设施的支撑保障水平尚不能完全满足新技术、新应用、新产业发展的需求。特别是在人工智能深度计算领域，如何提供快速增长的算力以满足经济社会数字化转型的普惠算力需求，是当前需要解决的首要问题。

二是我国5G、千兆光纤网络等新型信息基础设施建设日益完备，下一代互联网IPv6用户和流量规模显著提升，卫星互联网建设稳步推进。但是在云边结合、云端结合、云网协同、算网一体的多层次、分布式、绿色化、智能化算力网络供给体系等方面，尚未全面建立起来，异构算力与网络的融合、边缘节点灵活高效入算等能力有待进一步提升。

3. 网络安全问题日益突出，阻碍了产业互联网的发展

随着网络连接的日益普遍和复杂，网络安全威胁也随之增加，成为推进产业互联网发展必须解决的重要问题之一，当前存在的主要问题如下。

一是网络安全技术落后。随着网络技术的快速发展，新的网络安全威胁不断涌现，但一些企业和组织在网络安全技术方面的投入和更新不足，导致他们的防御手段无法有效应对这些新威胁。这严重影响了产业互联网的健康发展，因为产业互联网往往涉及大量的数据传输、处理和分析，对网络安全的要求极高。

二是网络安全意识不足。除了技术手段，人和企业的安全意识也是网络安全的重要组成部分。目前，许多企业和个人对网络安全的重要性认识不足，缺乏必要的安全意识和操作技能，使他们在面对网络安全威胁时容易遭受损失。这种安全意识的缺失会影响到产业互联网的发展，因为人们在使用工业互联网相关服务和应用时，可能更容易受到攻击。

三是法律法规和政策体系不完善。尽管我国已经出台了一些与网络安全相关的法律法规，但随着网络环境的不断变化，现有的法律法规和政策体系显得不够完善。这导致在处理一些复杂的网络安全事件时，缺乏有效的法律依据和手段，进而影响了产业互联网的安全保障工作。

5.1.2 工业网络的安全性与稳定性有待提高

产业互联网涉及大量工业数据的传输和处理，对网络的安全性和稳定性提出了更高要求。当前，我国的工业互联网安全体系尚不完善，存在被黑客攻击、数据泄露等风险。一些工业网络设备的稳定性不够，难以保证在恶劣的工业环境下能正常运行。

1. 技术标准和规范缺失，增加了数据交换、共享难度和网络安全问题

一是工业互联网平台类型多样，但缺乏统一的技术标准和规范。当前，我国工业互联网平台按照服务层级可以分为 SaaS 平台、专用 PaaS 平台、数据分析与可视化平台、通用 PaaS 平台、云服务平台、连接/边缘计算平台等。针对这些平台，我国发布了多项国家标准，如《工业互联网平台 监测分析指南》《工业互联网平台 解决方案分类方法》等，但尚未形成完全统一的技术标准和规范体系，仍存在以下问题：在某些技术和服务领域，尤其是新兴领域，可能还存在标准缺失的情况；即使在某些已经制定了标准的领域，不同平台可能采用不同的标准或标准版本，导致在数据交换、信息共享和协同工作等方面存在障碍；在实际应用中，由于技术、成本、利益等因素的考虑，可能存在标准实施不到位或打折扣的情况。这些问题导致不同平台之间难以实现互联互通，增加了数据交换和共享的难度，也影响了网络安全管理的统一性和有效性。

二是信息安全防护能力不足，影响整个产业互联网的安全稳定运行。工业互联网平台汇聚了信息流、资金流、人才创意、制造工具和制造能力等各种资源，这些资源在云端的汇聚增加了信息安全风险。目前，工业互联网平台企业仍存在对工业控制系统的信息安全防范意识不足，缺乏安全管理方法和安全技术手段等问题，主要表现在：许多企业在工业控制系统网络安全方面意识薄弱，没有建立一个完善的安全管理概念，尤其是在工业控制系统建立、运行和维护过程中，安全管理意识严重不足；在工业控制系统设计、维护和操作的过程中，人员没有进行安全方面的培训，导致违法操作的情况时有发生；工业互联网将越来越多的智能化设备引入到工业控制系统中，直接参与生产，使工业控制系统面临严重的设备安全风险，而 TCP/IP 等通用的网络协议在工业网络中的应用，大大降低了网络攻击门槛，传统的工业控制系统防护策略无法抵御多数网络攻击；不同行业的生产设备千差万别，相同行业的不同厂商生产的设备也不完全一样，导致普通信息系统的安全技术适配性差，具备行业特点的定制专用安全模型较为缺乏。

三是法律法规和政策支持不足,影响了相关技术在维护工业网络安全中的应用。首先,我国法律法规和政策体系尚不完善,主要表现在:虽然我国已经出台了《中华人民共和国网络安全法》(简称《网络安全法》)、《中华人民共和国数据安全法》(简称《数据安全法》)、《中华人民共和国个人信息保护法》(简称《个人信息保护法》)等法律法规,以及《网络安全审查办法》《云计算服务安全评估办法》等一系列政策文件,但这些法律法规和政策往往具有一定的滞后性,难以完全适应快速发展的网络安全技术和不断变化的网络威胁形势;在人工智能、物联网、区块链、工业云等新兴领域和特定应用场景下,可能还存在政策空白,缺乏针对性的法律法规和政策指导,导致相关技术在维护工业网络安全体系中的应用缺乏法律保障。其次,法律法规和政策执行力度不够,主要表现为:相关部门,但在实际执行网络安全监管工作过程中,可能存在监管力度不够等问题;部分工业企业在网络安全方面存在合规意识薄弱的问题,对法律法规和政策的要求执行不到位,影响了相关技术在维护工业网络安全体系中的应用效果。

2. 工业网络设备的稳定性不高,降低了数据传输的效率和精准性

一是设备老化与数字化水平低。我国制造业总体水平处于 2.0 向 3.0 过渡阶段,老旧设备多,数字化水平低。根据工业和信息化部数据,2017 年我国规模以上工业企业生产设备数字化率为 44.8%、数字化设备联网率为 39.0%。同时,80% 的设备没有联网,需要通过加装传感器等方式实现设备联网,导致工业互联网平台数据采集难、成本高和效率低。

二是网络攻击、故障与配置错误。工业网络的开放性和连接性增加了网络遭受黑客攻击、病毒侵入和未经授权的访问的风险,而网络攻击和恶意行为可能导致工业网络设备瘫痪、数据泄露或篡改,对产业互联网的安全运行构成严重威胁;工业网络中的交换机和其他网络设备可能因为硬件故障、软件错误或带宽不足等原因而导致网络中断或性能下降,从而影响工业网络的整体稳定性和响应速度;工业网络设备的配置往往较为复杂,容易出现配置错误和冲突，导致网络性能下降、网络延迟及数据错误等问题，影响产业互联网的稳定性和可靠性。

5.1.3 数据中心的布局与算力分配不均衡

随着产业互联网的发展，数据量呈爆炸式增长，对数据中心的布局和算力分配提出了更高要求。当前，我国数据中心在区域布局上存在不均衡问题，导致某些地区算力资源过剩，而另一些地区则算力资源不足。此外，算力资源分配的效率和智能性也难以适应不同行业、不同应用场景的需求。

1. 数据中心区域布局不均衡，给产业互联网发展造成了障碍

一是东西部地区供给分布不均衡，提高了产业互联网发展的成本。东部发达地区经济发展较快，对数据中心的需求量较大，但能耗指标严重紧张，难以支撑大规模数据中心落地，导致东部数据中心供不应求；西部地区虽然可再生能源丰富，能耗指标相对充裕，但跨省数据传输成本过高等问题影响了"东数西算"工程的推进，导致西部数据中心供给过剩。

二是数据中心布局与资源禀赋不匹配，增加了产业互联网发展的安全隐患。我国数据中心多数分布于东南沿海发达地区，其中仅北京、上海、广东三地就占全国数据中心总量的近60%。这种布局与我国战略安全纵深、能源分布、地质条件、气候环境等基础条件不相匹配，而从国家信息安全的战略角度分析，数据中心集中于少数地区，如若发生战争、能源危机、突发性自然灾害或重大安全事故等，可能对经济社会正常运转造成严重影响。

三是数据中心孤岛与云孤岛现象，降低了产业互联网的发展效率。各行业纷纷建设数据中心，但互不联通，出现了数据中心孤岛和云孤岛等现象，导致数据资源无法有效共享和利用，无法形成规模效应和协同效应，降低了数据中心的整体效率和效益。

2. 算力资源智能化不足，限制了产业互联网的创新发展

一是智能化水平不高。我国算力资源的智能化水平较低，许多企业仍

然依赖于集中式计算、传统数据库管理系统、单机或小规模集群等传统的计算方式和工具,而更加先进和智能化的云计算和边缘计算、人工智能和机器学习、大数据分析和挖掘工具、分布式数据库和 NoSQL 数据库未能得到广泛推广。这种低智能化水平限制了算力资源在产业互联网中的应用范围和深度,也制约了产业互联网的发展潜力。

二是核心技术受制于人。在算力资源智能化方面,我国仍然面临着核心技术受制于人的问题,如深度学习框架等部分基础性与通用性较强的算法、高性能图形处理器(Graphics Processing Unit,GPU)和专用集成电路(Application-Specific Integrated Circuit,ASIC)等高端计算芯片制造技术;一些关键技术和设备仍然依赖进口,如高性能计算机及服务器、数据存储和管理系统等,这不仅增加了成本,也限制了我国在算力资源智能化方面的自主创新能力。

三是数据安全与隐私保护问题。随着算力资源智能化的推进,数据安全与隐私保护问题日益凸显。在算力资源的应用过程中,如何确保数据的安全性和隐私性成为一个亟待解决的问题。如果这个问题得不到有效解决,将会对产业互联网的发展产生负面影响。

5.1.4 工业物联网设备的标准化与互操作性不够

产业互联网的发展离不开工业物联网设备的支持。然而,当前市场上工业物联网设备的标准化程度较低,造成不同厂商的设备之间存在互操作性障碍,增加了系统集成的难度和成本。

1. 工业物联网设备的标准化问题多

一是通信协议不统一。工业物联网中存在众多的通信协议,如 Zigbee、蓝牙、Wi-Fi、LoRa 等,每种协议都有其特定的应用场景和优缺点。然而,由于缺乏统一标准,不同的设备和系统可能采用不同的通信协议,这使它们之间难以直接进行通信和数据交换。例如,一个采用 Zigbee 协议的传感器可能无法与采用 Wi-Fi 协议的网关进行无缝连接,从而导致数据传输的中断或延迟。

二是数据格式不一致。不同的设备和系统在采集和生成数据时，可能采用不同的数据格式和编码方式。这就使在数据融合和分析时，需要进行大量的格式转换和数据清洗工作，不仅增加了数据处理的难度和成本，还容易导致数据的丢失和错误。

三是安全标准存在差异。不同的设备和系统在安全机制、加密算法、认证方式等方面可能存在差异，导致整个工业物联网系统的安全性难以得到有效保障。一旦某个环节出现安全漏洞，可能引发整个系统的安全风险，造成严重后果。

2. 工业物联网设备实现互操作难度大

一是设备兼容性问题。由于缺乏统一的标准和规范，不同厂商的设备和系统往往难以相互兼容和协同工作。这导致企业在构建工业物联网时，往往需要面对复杂的系统集成问题，需要投入大量人力、物力和时间来解决设备和系统之间的互联互通问题。例如，一家制造企业可能同时使用来自不同厂商的生产设备、监控系统和管理软件，如果这些设备和系统之间无法实现互操作，那么企业就难以实现对整个生产过程的实时监控和优化管理。

二是系统集成难度大。工业物联网的构建涉及多个设备和系统的集成，包括传感器、执行器、控制器、云平台等。由于不同设备和系统之间的互操作性差，系统集成变得异常复杂和困难。这不仅增加了项目的实施周期和成本，还可能导致系统不稳定和运维困难。

5.2 产业基础：数字化与协调发展不足

当前，我国产业数字化水平不断提升，传统产业与新兴产业的融合发展趋势日益明显，但仍存在数据要素流动受限、技术创新缺乏、企业数字化转型水平不均衡、产业链协同不足等问题，阻碍了产业互联网的发展。

5.2.1 数据要素流动受限和技术创新缺乏削弱了产业互联网发展的基础

1. 数据要素流动壁垒

一是数据垄断与数据孤岛。当前，我国高质量数据主要集中在部分龙头企业手中，如我国互联网、金融、能源、电信、交通等重要领域的高质量数据主要集中在腾讯公司、中国银行、隆基绿能、中国电信、千方科技等相关行业少数龙头企业手中。一些龙头企业以数据作为强化自身竞争优势的工具，严格限制数据向外流通，这不仅加剧了数据资源分布的不均衡，还导致企业之间形成数据孤岛。此外，不同企业和部门之间由于数据格式与标准不统一，数据接口不兼容，进一步强化了数据孤岛现象，这使即使某些企业愿意共享数据，也面临着技术上的难题。企业之间互为数据孤岛，割裂了产业生态内部的数据循环，制约了产业数字化转型的空间。

二是数据交易机制不成熟。数据交易是实现数据资源要素化的重要途径，但数据权属复杂性、价值相对性和内容时变性等特征，以及数据交易环境、模式、平台定位、互信、生态体系等均存在不足，这些问题导致数据供需匹配效率低，企业不敢或不愿交易数据。国家企业信用信息公示系统数据显示，截至2023年8月，全国注册登记的各类数据交易机构有53家，但这些机构在推动数据交易方面所发挥的作用有限。上海数据交易所发布的《2023年中国数据交易市场研究分析报告》显示，2022年，我国数据交易额仅为876.8亿元，难以满足企业用数需求。

第一，数据交易环境有待完善。国家层面的数据交易法律法规和行业标准尚未完善，导致各省大数据交易平台在建设过程中自行探索标准体系，增加了数据交易的不确定性和风险；在政府层面，尚未有专门的监管职能部门对大数据交易进行全面有效的监管，可能导致数据交易过程中的违规行为难以得到及时有效的惩处。第二，数据交易模式粗放。我国大数据交易目前主要以单纯的数据原材料买卖为主，数据算法、数据模型等交易尚未起步,这限制了数据价值的深度挖掘和利用;在数据交易过程中,缺乏对数据定价的统一标准,可能导致数据交易过程中的价格扭曲和不公平现象;部分交易数据存在格式不规范、内容不完整等问题,增加了数据交易的风险和成本。第三,数据交易平台定位不清。各地大数据交易平台在建设过程中存在着定位重复、各自为战的问题,导致数据交易市场之间缺乏流动性,难以形成综合优势;我国大数据交易平台建设主要采用会员制,但对入会成员未制定统一标准,这可能导致交易数据的权威性和准确性无法得到保障。第四,数据交易互信难题。数据交易各方在身份和能力方面存在互信难题,身份不互信使数据权属和使用权限存在争议,而能力不互信源于各方安全能力参差不齐,将增加数据交易的风险和不确定性;市场上缺乏数据安全能力的衡量标准,使数据交易各方在评估对方安全能力时缺乏依据,进一步加剧了数据交易互信难题。第五,数据交易生态体系不完善。数据交易涉及采集、传输、汇聚等多个环节,需要包括监管机构、社会组织等多方参与的生态体系来协同保障,但我国目前尚未形成这样的生态体系;数据交易过程中需要引入区块链、隐私计算、数字身份等技术手段来确保数据的安全和可信,但在这些技术方面的研发和应用尚不成熟,难以满足数据交易的需求。

三是公共数据开放不充分。公共数据是高质量数据供给源之一,但部分地区在加大公共数据开发力度的同时,也出现了不好的倾向,如未能及时、充分地公开应当公开的政务数据,或者对数据开放的种类、范围和质量有所保留等,这些做法提高了民营企业公平利用公共数据的门槛和难度。

2. 核心技术缺乏自主创新能力

一是高精尖技术受制于人。我国在高端芯片、操作系统、数据库和工业软件、AI核心算法、数字传感器等高精尖数字技术的创新领域依然受制于人,导致对部分先进技术及某些高端装备、关键材料和基础工业软件等方面的进口依赖较为严重。当国际形势紧张时,将会出现部分核心技术上的"卡脖子"问题和供应链中断风险。

二是技术创新能力不足。我国在数字技术创新方面存在科技创新能力不足、高新技术人才稀缺、知识产权保护体系相对薄弱三个方面的问题，导致一些本该积极参与创新的企业选择"搭便车"，通过模仿或复制他人成果来获取数字技术的红利，阻碍了创新道路。上述三个方面的问题主要表现如下。

第一，科技创新能力不足，主要表现为以下三个方面：首先，研发投入与产出相关性弱。尽管我国在数字技术研发上的投入持续增加，但研发成果与投入之间的相关性并不强。这意味着大量的研发资金没能高效地转化为具有市场竞争力的技术成果；其次，自主创新能力提升有限。我国数字技术创新大多为"小打小闹"型，自主创新能力提升并不显著，许多企业在研发过程中往往半途而废，最终放弃技术，将重点转向品牌管理等领域；最后，国际竞争力较弱。虽然我国在某些数字技术领域取得了研发成果，但这些成果在国际市场上的竞争力仍然较弱。

第二，高新技术人才稀缺。首先，人才缺口大。根据《2024数字人才白皮书》等权威报告，高达74%的企业面临数字人才不足的问题，其中44%的企业认为其数字人才非常紧缺。其次，人才培养存在瓶颈。数字人才的培养需要长期的过程和系统的体系，但当前我国在数字人才培养方面仍存在瓶颈，导致高端数字人才供不应求。最后，人才流失严重。一些高端数字人才因各种原因流向海外或转行从事非科技领域工作，进一步加剧了我国数字人才稀缺的问题。

第三，知识产权保护体系相对薄弱。首先，技术难度增大。随着数字经济的快速发展，数字技术创新涉及的领域越来越广泛，技术难度越来越大，给知识产权保护带来了更大挑战。其次，法律规定滞后。我国在数字知识产权保护方面的法律法规相对滞后，未能及时跟上数字技术创新的步伐，导致在数字知识产权保护过程中存在许多法律空白和争议点。再次，司法实践错位。在数字知识产权保护的司法实践中，法律规定的不完善和数字技术的复杂性，往往会出现司法实践错位的情况，导致许多数字知识产权纠纷难以得到公正、有效的解决。最后，国际应对不力。在数字知识产权保护的国际舞台上，我国的话语权和影响力较弱，导致在应对国际数字知识产权纠纷时，我国往往处于被动地位。

5.2.2 企业数字化转型水平不均衡制约了产业互联网的发展速度

近年来，我国企业数字化转型指数持续上升，埃森哲发布的《2024中国企业数字化转型指数》报告显示，我国企业数字化转型指数已达到46分。但我国企业数字化转型的水平呈现出多层次、不均衡的特点：从行业差异来看，通信、银行、计算机等服务业数字化比例较高，而制造业、房地产行业由于业务复杂性和历史原因数字化比例较低。根据《中国数字经济发展研究报告（2023）》，2022年服务业数字经济渗透率达到了44.7%，而制造业仅为24.0%；从企业规模差异来看，大型企业是数字化转型的主力军，它们在资金、技术、人才等方面具有优势，能够更快地推进数字化转型，而中小型企业数字化转型面临资源与能力"瓶颈"，推进速度远低于大型企业。根据《中国中小企业数字化转型报告2024》，绝大多数中小企业（占比98.8%）已经开启数字化转型，但其中处于数字化早期的企业占比高达62.6%，数字化水平较高、由智能驱动的企业占比仅为3.2%。这些特点将会对产业互联网的发展带来一系列不利影响。

1. 阻碍产业互联网的整体推进

一是导致发展步调不一致，增加协同难度。企业数字化转型水平的多层次、不均衡，不同企业在产业互联网建设方面的投入、进度和成效差异显著，导致产业互联网在整体推进过程中难以形成统一的标准和体系，增加了协同难度。

二是导致资源分配不均，阻碍产业互联网的均衡发展。数字化转型水平较高的企业可能更容易获得政策、资金、人才等资源支持，而水平较低的企业则可能面临资源匮乏的困境，这种资源分配的不均衡会进一步加剧产业互联网发展的不均衡性。

2. 影响产业链协同效率

一是造成信息孤岛现象，增加交易成本。数字化转型水平不均衡可能导致产业链上下游企业之间的信息系统不兼容、数据格式不统一等问题，形成信息孤岛，将严重影响产业链协同效率，增加交易成本和时间成本。

二是造成供应链水平和安全防护能力差异，影响产业互联网生态。一方面，在数字化转型水平不均衡的情况下，供应链中的某些环节可能出现技术"瓶颈"或管理漏洞，导致供应链不稳定，不仅会影响企业的正常生产运营，还可能对整个产业互联网生态造成冲击；另一方面，数字化转型水平不均衡可能导致企业在安全防护能力方面存在显著差异。水平较低的企业可能缺乏足够的安全防护意识和能力，容易受到网络攻击和数据泄露等安全威胁，不仅会影响企业自身的发展，还可能对整个产业互联网生态造成安全隐患。

3. 制约创新能力和竞争力提升

一是削弱企业创新动力，影响产业创新能力。数字化转型水平较低的企业缺乏足够的创新意识和能力，难以开发出具有竞争力的产品和服务，这将制约整个产业创新能力和竞争力的提升。

二是延缓市场响应速度，降低产业竞争力。在数字化转型水平不均衡的情况下，企业之间的市场响应速度可能存在显著差异，水平较低的企业可能无法及时捕捉市场变化和客户需求，导致错失市场机遇。

5.2.3 产业链协同不足影响了产业互联网的整体效能

目前，我国拥有制造业全部 31 个大类、179 个中类和 609 个小类，形成了从终端产品、零部件、原材料到相关配套设备齐全的完备产业链。这种完善的产业配套能力为产业链协同奠定了坚实的基础。但长期以来对部分国外零部件、材料、技术装备、软件系统的依赖性较高，导致产业链上下游合作割裂、产业间支撑协作不足等问题突出。大量的企业技术水平相近、市场定位趋同，能够主导产业链构建的链主型企业数量不足，各地区在产业布局上存在重复建设和同质化竞争等问题，导致企业竞争同质化严重、跨区域协作难度大。这些产业链协同不足问题对产业互联网的发展产生了显著影响,严重阻碍了产业互联网的整体效能的发挥。

1. 资源配置低效,减弱了产业互联网在提升产业链整体效益和竞争力方面的作用

一是导致产量衔接与协作错位问题。首先,上下游产量不匹配。上游产业生产过剩,供给大于需求,导致资源浪费;或者上游产量不足,无法满足下游生产需求,影响市场供给。这种不匹配现象直接导致了资源利用效率低下。其次,生产效率与时间不匹配。上游产业的生产效率与下游产业不匹配,时间上的不协同会影响整体生产效率和成本。例如,上游原材料供应不及时会导致下游生产线停工待料,增加生产成本和时间成本。

二是导致质量错配与信息不畅问题。上游产业质量很好,但下游产业技术差,无法充分利用上游的高质量原材料或零部件;或者上游产业质量不佳,影响下游产品的质量。这种技术上的不匹配会导致整体产品质量下降,进而影响市场竞争力。此外,产业链上的企业之间信息不对称,导致资源无法得到有效配置。例如,某些企业可能拥有过剩的产能或原材料,而其他企业却面临短缺问题,但由于信息不畅通,这些资源无法得到有效调配。

2. 创新协作受阻,限制了产业互联网在推动产业转型升级方面的能力

一是创新协同机制缺乏顶层设计和系统规划。政府和相关部门在推动产业链协同和创新协同方面缺乏明确的战略目标和实施路径,导致政策制定和执行存在盲目性和随意性。此外,不同区域、不同领域之间的创新协同机制缺乏协调和整合,难以形成全国范围内的创新协同网络。因而,产业互联网中通过跨界合作和协同创新来推动新技术、新模式的发展和应用变得困难重重。

二是创新主体之间沟通不畅,协同效率低下。产业链上的创新主体之间缺乏有效的沟通渠道和协同机制,导致创新主体之间在信息交流、资源共享、技术合作等方面存在障碍,创新资源在产业链上的分布呈现出分散

状态，不同环节、不同领域的企业和科研机构各自为政，难以形成高效协同的创新生态系统。例如，高校和科研机构拥有丰富的科研成果和技术人才，但与企业之间的合作往往不够紧密，科研成果难以转化为实际生产力。这些都降低了产业互联网中的创新数量和效率，削弱了其对产业转型升级的促进作用。

三是创新激励机制不健全，创新动力不足。一方面，政府对创新的支持力度如创新政策和资金扶持等有待加强；另一方面，一些企业缺乏足够的创新动力，不愿意长期持续性投入大量研发资金，而中小型科技企业虽然创新意愿强，但创新资源有限，自主研发能力不强，导致创新能力不足；此外，企业内部的创新激励机制也存在不足，应适当提高创新人才的待遇和提供更多的晋升机会，否则难以激发其创新积极性和创造力。

四是创新成果转化率低，产业化进程缓慢。产业链协同不足和创新协同机制缺失，导致我国产业链上的创新成果转化率普遍较低，许多优秀的科研成果和专利技术无法得到有效转化和应用，进而造成创新资源的浪费和产业链整体创新能力的提升受阻。同时，产业化进程缓慢，新技术、新产品从研发到市场应用的周期较长，难以满足市场需求和推动产业转型升级。

3. 市场响应速度降低，影响了产业互联网在提升企业市场竞争力和满足消费者需求方面的作用

一是错失商机。产业链协同不足，即产业互联网中产业链上各环节企业之间缺乏有效的沟通和协作，当市场需求发生变化或新的商机出现时，如果企业无法及时获取这些信息或无法与供应链上的其他企业迅速响应，就会错失商机。例如，当市场上出现新的消费趋势或技术革新时，如果企业无法及时调整生产计划和产品策略，就可能错过抢占市场的最佳时机。这可能导致企业市场适应性差、产品供应不及时等问题，使产业互联网在提升企业市场竞争力和满足消费者需求方面的作用大打折扣。

二是无法满足客户需求。在产业链协同不足的情况下，产业互联网中上下游企业之间的信息流通受阻，将导致企业难以及时获取客户的最新需求和反馈，从而无法快速调整产品策略和服务方案，会导致企业无法充分

利用产业链上其他企业的资源和优势，限制了企业在满足客户需求方面的能力；同时，企业也很难准确预测市场需求的变化，导致供需不匹配，进而影响客户对企业的信任和满意度；此外，企业也无法充分利用产业链上其他企业的资源和优势来提供定制化服务，使企业在满足客户个性化需求方面受到限制。

三是难以应对市场风险。当前，我国产业链协同不足，将对企业应对市场风险的能力产生不利影响，特别是在产业互联网背景下，这种不足将加剧企业所面临的市场风险。首先，在产业互联网中，信息流通速度极快，市场变化迅速。但产业链协同不足会导致信息在产业链上下游之间流通不畅，企业难以及时获取准确的市场信息，从而加剧了企业所面临的市场风险，使企业难以作出正确的市场判断和决策。其次，产业链协同不足会导致供应链稳定性降低。当某个环节出现问题时，由于各环节之间缺乏有效的协同和沟通，问题可能迅速扩散到整个供应链。而在产业互联网中，一旦供应链出现问题，将严重影响企业的生产效率和客户满意度，进而增加市场风险。最后，产业链协同不足会限制企业在产业互联网中的资源整合能力，导致企业在面对市场风险时，缺乏足够的应对手段和资源支持，增加了企业的运营风险和市场风险。这些风险的加剧，将使企业市场竞争力下降、消费者需求满足度降低。

4. 产业生态发展受限，抑制了产业互联网在推动产业转型升级、促进经济高质量发展方面的潜力发挥

一是决策失误的风险增加，影响了产业生态的稳定发展。在产业链协同不足的情况下，各环节之间的信息流通可能受阻。一方面，导致企业间无法及时共享市场信息、技术动态等重要资源，影响了产业生态的整体效率和创新能力；另一方面，也会导致企业在制定发展战略、进行市场预测时出现偏差，增加了决策失误的风险，这不利于产业生态的稳定发展。

二是供应链稳定性降低，影响产业生态的可持续发展。产业链协同不足可能导致供应链稳定性降低，增加供应链断裂的风险。一方面，一旦某个环节出现问题,可能迅速波及整个供应链并迅速扩大后果;另一方面,供应链稳定性降低还可能导致资源利用效率下降,从而影响产业生态的可持续发展。

三是资源整合能力受限,制约产业生态的创新发展。产业链协同不足限制了企业的资源整合能力。一方面,使企业难以整合产业链上下游的资源,实现资源共享和优势互补,从而制约了产业生态的创新发展;另一方面,导致企业无法充分利用外部资源和技术,难以开展创新活动,影响产业生态的整体创新水平。

四是市场竞争不规范,阻碍产业生态的健康发展。产业链协同不足将导致市场竞争不规范,同质化竞争严重,难以形成良性的市场竞争环境,从而引发市场秩序混乱,出现恶意竞争、价格欺诈等行为,损害产业生态的健康发展。

5.3 软环境:产业互联网发展环境有待改善

当前,我国产业互联网发展软环境整体向好,政策扶持力度呈现加大趋势,技术创新与应用不断推进,市场需求与潜力巨大。但也面临着政策支持与监管不完善、数字素养与专业人才缺乏、国际竞争与合作面临挑战等问题。

5.3.1 政策支持与监管不完善

1. 加强政策支持

一是加强政策宣传。如果政策宣传不到位,可能导致企业对相关政策了解不足,无法充分利用政策优惠和扶持措施。这样不仅使政策流于形式,也不利于制造业企业长期发展和提升融合发展形象。

二是进一步把政策落实到位。尽管国家出台了一系列推动制造业和互联网融合发展的政策措施,但在具体执行和落实的过程中遇到了一些问题,导致政策应有的作用并未得到充分发挥。例如，部分优惠政策和扶持措施设置的门槛过高，这对那些规模大、效益好的大型企业来说相对容易达到，而对于多数中小微企业较难达到。即便有部分企业符合条件，在申报时需提供各种复杂和烦琐的材料，使企业办理光手续就得花费很多时间和精力；即便审批通过，有些也不能很快获得相应的扶持和奖励。

三是加强政策针对性。当前的政策在针对性方面还有待加强。不同行业、不同规模的企业在产业互联网发展中的需求和痛点各不相同，因此需要更加精准的政策支持。如果一些政策过于笼统，缺乏对不同行业、不同企业的具体指导，政策效果就会大打折扣。

四是加强政策对创新的支持。随着技术的不断进步和应用场景的拓展，产业互联网的发展面临着新的机遇和挑战。当前政策在支持创新方面还有待加强。政府需要更加关注新兴领域和新技术的发展，及时出台相应的政策措施，以推动产业互联网的创新发展。

五是加强政策协同性。产业互联网的发展涉及多个部门和多个领域，需要政府各部门之间的协同合作。当前在协同性方面的政策支持还有待加强。不同部门之间的政策可能存在冲突或重叠，导致政策效果受到影响。因此，政府需要加强部门之间的沟通和协调，形成政策合力，以推动产业互联网的发展。

2. 健全监管体系

一是健全法规制度。产业互联网作为一个新兴领域，其发展速度往往快于现有法规制度的更新速度，这导致在产业互联网的发展过程中，存在许多法律法规的空白或模糊地带。例如，在数据保护、隐私安全、知识产权保护等方面，现有的法规制度可能无法完全覆盖产业互联网中的新问题和新挑战。这不仅增加了企业运营的法律风险，还限制了产业互联网的健康发展。

二是跨部门协作机制不畅。产业互联网的发展涉及多个行业和部门，需要各部门之间的紧密协作和有效沟通。当前，我国在产业互联网监管领域的跨部门协作机制尚待进一步完善，存在部门之间信息共享不畅、协调配合不力等问题,这影响了监管效率和效果。

三是变革监管方式。随着产业互联网技术的不断发展和应用,传统的监管方式已经无法适应新的市场环境和技术特点。例如,传统的监管方式可能更侧重于事后监管和处罚,而缺乏对产业互联网事前、事中的有效监管。此外,对于跨行业、跨领域的产业互联网业务,可能存在多头监管或监管盲区的问题,这会影响到监管效果。

四是加强监管技术手段运用。随着产业互联网技术的不断发展,传统的监管技术手段已经无法适应新的监管需求。例如,对于大数据、人工智能等技术的应用,需要更加先进的监管技术手段来支撑。当前,我国在产业互联网监管领域应充分利用技术手段,但缺乏智能化、自动化的监管工具和系统。这既增加了监管难度和成本,也限制了监管效率和效果的提升。

5.3.2 数字素养与专业人才缺乏

1. 数字素养水平有待提高

一是提高信息获取和处理能力。在产业互联网中,信息获取和处理能力是关键。目前,许多从业者可能缺乏高效搜索、筛选和评估网络信息的能力,导致在海量数据中难以快速找到有价值的信息,影响决策效率和创新能力。

二是提高数字交流能力。产业互联网强调跨领域、跨地域的协作,因此数字交流能力至关重要。这包括利用数字工具和平台进行高效沟通和合作的能力。从业者应加强对这些技能的学习,提高团队协作能力,加快项目进展和成果产出。

三是数字内容创造能力不足。在产业互联网中,数字内容创造能力对于品牌推广、客户服务等方面具有重要意义。许多从业者应学习和提高运用数字工具和技术创造并分享内容的能力,以赋能数字化营销和客户服务。

四是数字安全意识较弱。随着产业互联网的发展,数据安全问题日益凸显。一些从业者可能缺乏足够的数字安全意识,无法有效识别和防范数字安全风险，导致数据泄露、网络攻击等安全事件的发生，给企业和个人带来重大损失。所以，应加强这方面的学习。

五是提高数字化问题解决能力。在产业互联网中，面对复杂多变的市场环境和业务需求，从业者需要具备运用数字技术解决实际生活和工作中的问题的能力。从业者应加强这种能力的学习，避免在数字化转型过程中遇到难题时无法有效应对。

2. 专业人才缺乏

一是总体人才缺口大。《2024数字人才白皮书》显示，高达74%的企业面临数字人才不足的问题，其中44%的企业认为其数字人才"非常紧缺"，30%的企业认为"略有不足"。没有任何一家机构认为自己的数字人才供过于求。这表明产业互联网专业人才短缺，可能使行业发展陷入瓶颈。

二是人才类型分布不均引发复合型人才短缺。根据《2024数字人才白皮书》数据，从人才类型来看，数字化专业人才（具备数字技术专业能力的人员）占比更高，达到87%；数字化应用人才（有数字化工具使用能力和数字化素养的传统岗位工作者）其次；数字化管理者（有数字化意识和能力的管理者）虽然最低，但也达到70%。随着各行业数字化转型进程的加速，跨领域融合型人才、数据驱动型人才、人工智能与机器学习人才、新兴技术领域人才、数字化管理与领导力人才等数字人才的需求持续增长，复合型数字人才短缺给企业带来了新的挑战。

三是高端人才供不应求。在产业互联网领域，高端技术人才如算法工程师、数据分析师、AI产品经理等比较稀缺。这些人才不仅需要具备深厚的专业技术功底，还需要具备创新思维和跨界融合能力。当前市场上这类高端人才供不应求，成为制约行业发展的关键因素。

四是地域与行业分布不均造成局部人才紧缺。数字人才的地域与行业分布呈现出不均衡态势。数字人才存在地域集聚现象，东部地区多于西部地区，发达地区多于欠发达地区，第三产业数字人才较多。这种不均衡分布导致部分地区和行业在人才获取上更加困难。

五是人才供需错配、人才流失风险加大了人才缺口。尽管高校大量开设人工智能、大数据等专业，但企业岗位需求减少，供需错配矛盾凸显。高校培养的人才在技能和实践经验上与企业需求存在差距，导致企业难以找到合适的人才。随着市场竞争的加剧和企业对人才争夺的加剧，人才流失风险也在加大。一些企业在人才培养、激励机制等方面存在不足，导致优秀人才流向其他企业或行业。这不仅会增加企业的招聘和培训成本，还会影响企业的创新能力和市场竞争力。

5.3.3 国际竞争与合作面临挑战

1. 国际竞争日益激烈

随着经济全球化的深入发展，产业互联网市场的国际竞争日益激烈。许多发达经济体都在积极布局产业互联网，通过政策支持、资金投入和技术创新等手段，推动本国（地区）产业互联网的发展，使我国产业互联网企业在国际市场上面临更加激烈的竞争。

一是技术竞争压力增大。在产业互联网领域，技术创新是推动行业发展的关键。当前，国际市场上技术竞争压力增大，许多发达经济体都在加强技术研发和创新，争夺技术制高点。在云计算与大数据领域，随着云计算技术的成熟和大数据应用的普及，企业对高效、低成本的数据处理和分析能力需求日益增长。国际上许多领先企业已经在这一领域占据了优势地位，不断推出更先进的解决方案和服务，给我国产业互联网企业带来了巨大的竞争压力。在人工智能与机器学习领域，人工智能和机器学习技术的快速发展，正在改变着各行各业的运作模式。国际市场上，许多企业正在积极将 AI 技术应用于产业互联网领域，以提高生产效率、优化资源配置和提升服务质量，这些企业具有较强的国际竞争力。在物联网与区块链领域，物联网技术的广泛应用正在推动产业互联网的智能化发展，而区块链技术则为企业提供了更加安全、透明的数据管理和交易方式。但这些新兴技术的快速发展和迭代，给我国产业互联网企业带来了技术竞争压力，要求企业不断加强技术研发和创新能力。

二是标准和规则制定权的争夺激烈。在国际市场上,技术标准和规范的制定权对于产业互联网及行业的发展具有重要影响,谁掌握了技术标准和规范的制定权,谁就能在市场上占据主导地位。我国积极加强自主研发和创新能力建设,牵头制定了《工业互联网系统功能架构国际标准》(IEC PAS 63441)、《工业互联网网络技术要求与架构》(ITU-T Y.2623)等技术标准和规范,努力在全球工业互联网标准化领域发出更多的"中国声音"。然而,当前国外企业在某些技术标准和规范的制定中仍占主导地位,许多技术标准和规范都由国外领先企业主导制定,如面向工业自动化领域的开放标准等,我国产业互联网企业在这一领域的话语权较弱。

2. 国际合作机制不完善

目前,我国在产业互联网领域的国际合作机制还不够完善,与国际先进企业的合作不够紧密,影响了我国产业互联网的国际竞争力和影响力。

一是合作机制的缺失。在产业互联网领域,一些国际合作机制尚未建立或完善,导致合作各方缺乏有效的沟通和协调平台。这影响了我国产业互联网企业在国际合作中的效率和效果。第一,缺乏全球统一的技术标准和规范,导致不同国家和地区的产业互联网系统之间存在兼容性问题,使我国产业互联网企业在参与国际合作时,需要花费更多的时间和资源适应和对接不同国家和地区的标准,从而降低了合作效率。第二,国际合作机制中缺乏健全的数据安全和隐私保护机制,导致在数据共享和流动的过程中存在安全隐患,不仅可能损害用户的隐私权益,还可能影响我国产业互联网企业的信誉和市场竞争力。第三,当前国际合作机制中知识产权保护机制尚不完善,存在侵权盗版等违法行为,必须得到有效遏制,否则不仅损害创新者的合法权益,还可能影响我国产业互联网企业的创新动力和市场竞争力。第四,国际合作机制中缺乏高效的合作协调机制,导致在国际合作过程中出现沟通不畅、协调不力等问题,影响国际合作的顺利进行和最终成果的实现。

二是合作机制的碎片化问题。当前国际合作机制存在碎片化问题,不同机制之间存在重叠和冲突现象，导致我国产业互联网企业在国际合作中面临选择困难和合作成本增加的问题。这些问题主要表现在：第一，国际合作机制的多元化和重叠使合作各方在选择合作机制时面临困惑，增加了合作的不确定性和复杂性。例如，不同国际组织、政府间协议、企业间合作等多种机制并存，但各自的目标、范围、规则等可能存在差异，导致合作难以形成合力。第二，不同国家和地区在数据安全和隐私保护方面的法律法规、技术标准和执行力度存在差异，导致国际合作中出现数据安全和隐私保护机制的碎片化，使我国产业互联网企业在参与国际合作时面临数据流动和共享的限制，影响合作的深入发展。第三，不同国家和地区在知识产权法律法规、执法力度、保护范围等方面存在差异，导致知识产权保护机制的碎片化，不仅损害了创新者的权益，也影响了我国产业互联网企业在国际市场上的竞争力和信誉。第四，不同国家和地区在产业互联网发展方面的政策和法律法规环境存在差异，这也是国际合作机制碎片化的一个重要表现，会导致合作各方在合规性、市场准入、税收等方面面临不同的问题和挑战，增加合作的复杂性和不确定性。例如，某些国家可能对外资准入存在限制或特殊要求，而另一些国家则可能更加开放和包容。

第 6 章 制造业转型升级导向下促进我国产业互联网发展的路径研究

6.1 带动性强的重点行业产业互联网案例发展路径分析

结合当前产业发展特点,本研究分别选择汽车、钢铁和轻工业三个带动性强的重点行业作为分析对象,分别选择其代表性的产业互联网平台京东汽车云、欧冶云商和致景科技作为典型案例进行分析,剖析其发展的过程与条件。

6.1.1 汽车行业产业互联网平台:京东汽车云发展路径分析

1. 发展背景及现状

随着全球汽车产业向电动化、网联化、智能化转型,汽车产业供应链日益复杂,对数字化、智能化的需求日益迫切。京东集团作为以供应链为基础的技术与服务企业,凭借在零售、物流、科技等多领域的深厚积累,近年来开始积极布局汽车产业互联网领域,旨在通过云计算、大数据、人工智能等技术手段,为汽车产业链上下游企业提供全方位的数智化解决方案,推动汽车产业的转型升级。本研究中将京东云技术在汽车行业的具体应用和解决方案称为"京东汽车云"。

当前,京东汽车云除了不造车,基本覆盖了"研、产、供、销、服"的全链条。在服务环节,布局了京东养车,汽车配件、备件物流及面向 AI 的知识中台,智能客服和数字人;在销售环节,涉及整车营销、车企的营销物资等,并与一些主机厂定制了城市交付中心;在供应链环节,涉及供应商管理,维修、修理和运营(Maintenance、Repair and Operations,MRO)、备件、备件仓储、仓储自动化;在生产环节,针对入场物流、场内物流、循环取货等环节,不仅提供系统,同时也提供运营能力;在研发环节,提供专有云、混合云及数据中台等服务。这些功能使京东汽车云具备为汽车产业链上下游企业提供全方位服务的能力,服务面广,服务效率高。以京东养车板块为例,截至 2024 年 9 月,其有 6 亿的活跃用户、2 亿的车主、1 亿的精准车主库,车型库包括 27 万多种车型,基本覆盖市面上所有车型,备件库拥有 200 多万种标准化配件;在养车网络层面上已经实现了旗舰店、高标店、认证店和合作店四层覆盖,目前高标店超过 1 700 家,合作门店超过 43 000 家。在京东养车 App 上,无论买的是什么,线上下单之后,线下都会配送到离消费者最近的门店去做相关服务。

2. 发展阶段及功能

(1)初期布局阶段

从 2017 年年底开始,京东集团开始进军汽车后市场,标志着京东汽车云初步布局的开始。在这一阶段京东集团通过两大举措,围绕"供、销、服"三个产业链环节提供三大功能服务。

① 两大关键举措

一是上线京东云配采购平台,组建直销团队,为汽车后市场提供配件采购服务。

二是提出五大开放战略,在金融、物流、系统、供应链、服务等方面与行业共建,初步构建汽车产业链生态。具体包括:通过供应链开放战略,京东汽车云成功打通了汽车后市场全品类业务供应服务,为下游汽车维修门店提供便捷、精准的配件采购体验，同时帮助上游品牌商和经销商降低库存积压、提高周转效率；通过系统开放战略促进了汽车后市场数据的互联互通，为行业参与者提供了更加透明、准确的市场信息，有助于提升行业整体运营效率和管理水平；通过服务开放战略增强了京东汽车云在汽车后市场的服务竞争力，通过提供一站式解决方案，满足了商家和消费者的多元化需求，进一步巩固了市场地位；通过物流开放战略显著提高了汽车配件的物流速度和配送准确性，降低了物流成本，为下游维修门店提供了更加便捷、高效的物流服务体验；通过金融开放战略有效地缓解了汽车后市场商家的融资难、融资贵问题，通过提供灵活的金融解决方案，促进了商家的健康发展和市场繁荣。

② 主要服务环节和功能

一是为供应环节提供供应链服务。京东汽车云利用自身的供应链优势，一方面，通过其物流配送体系，为汽车产业链中的企业提供了高效的配送服务，确保产品能够及时、准确地送达消费者手中；另一方面，为下游企业提供一站式配件采购服务，助力相关企业在实现采购环节降本增效的同时，实现采购数据的实时共享和透明化，为企业决策提供了有力的支持。

二是为销售环节提供全域营销服务。京东汽车云通过其数智化平台，帮助汽车品牌和经销商实现线上线下的全渠道营销。通过精准的用户画像和数据分析，京东汽车云能够为品牌和经销商提供更加精准的市场定位和营销策略，提高销售效率和转化率。

三是为服务环节提供增值服务。京东汽车云在初期布局阶段就非常重视服务环节的发展，通过整合京东在电商、物流、金融等领域的优势资源，为汽车产业链中的企业提供包括但不限于车载购物、智能保养等增值服务，以及结合智能前置仓储和物流配送体系的一站式服务体验。这些服务不仅提高了消费者的满意度和忠诚度，也为汽车产业链中的企业带来了新的增长点。

(2) 深化合作与生态建设阶段

2018—2020年，京东汽车云不断深化与行业伙伴的合作，加强生态建设，取得了显著成效。这一阶段是通过线上线下同步发力、一体化运营等多项举措，实现"供、销、服"三个产业链环节的供应链、营销、增值服务的深化和拓展。

① 主要举措

一是成立云配联盟，与众多优质的汽车配件供应商合作，建立汽车配件零售服务网络体系，推动供应链向上游拓展，促进产业链上下游的紧密合作。二是通过云配联盟认证店、形象店、京安途经销商、京选店等多层次体系，推动汽车配件零售服务网络的全国覆盖。三是加强与京东京车会的融合，实现线上线下一体化运营，提升服务效率和用户体验。四是与技术领先的IT服务商、大数据公司等合作，共同研发汽车行业的数智化解决方案。这些技术服务商为京东汽车云提供了强大的技术支持和创新能力，推动了平台技术的不断升级和优化。五是与多家金融机构合作，为汽车产业链上下游企业提供供应链金融解决方案。京东汽车云通过数据优势和金融资源，帮助企业解决融资难、融资贵等问题，促进产业的健康发展。

② 拓展和强化三大主要功能

本阶段京东汽车云的主要功能依然是聚焦于汽车产业链核心环节中的"供、销、服"三个环节，提供供应链、全域营销和价值服务，但三大功能得到了进一步的拓展和强化，主要表现在两个方面：一是供应链服务的拓展。京东汽车云除持续优化面向汽车企业的物流配送服务和面向下游企业的采购信息与决策服务外，还将供应链服务对象拓展到汽车产业上游配件供应商，为他们提供精准的市场需求信息和订单管理服务，帮助供应商优化库存管理，提高供应链响应速度。二是增加汽车后市场技术服务功能。在深化合作与生态建设阶段，京东汽车云在提高车载购物、智能保养等增值服务水平，改善消费者"一站式"、全生命周期的汽车服务体验的同时，还为汽车后市场服务商提供技术支持和解决方案，推动汽车服务行业的数智化转型和升级。

(3) 全方位进入数字化升级阶段

2022年以来，京东汽车云进入全方位数字化升级阶段。本阶段着力打造"1+6+X"能力体系，为汽车产业链量身定制全方位的数智化解决方案，将功能服务领域拓展到覆盖汽车产业链"研、产、供、销、服"全部核心环节，同时也打通了汽车产业链供给与消费需求的信息交流渠道，使个性化设计和服务成为可能。

① "1+6+X" 能力体系的构建

该能力体系是京东汽车云为汽车产业链提供全方位数智化解决方案的核心架构，包含"1个数智平台""6大数实融合能力""X个汽车行业业务场景"。其中，"1个数智平台"是其整个能力体系的底座，该平台基于混合多云操作系统构建，旨在提供稳定、高效、灵活的云计算服务，有混合多云能力、数据中台、智能中台、区块链、协同办公、物联边缘等能力，开放生态等关键部分构成；"6大数实融合能力"是其在"研、产、供、销、服"汽车产业链核心环节的具体服务能力，包括协同研发、智能制造、数智采购和供应链一体化、全域营销和价值服务；"X个汽车行业业务场景"是其基于"1个数智平台"+"6大数实融合能力"，面向汽车行业上中下游和不同细分行业企业提供的汽车行业业务场景的解决方案，包含有新能源车企的双云双活解决方案、国有品牌车企的智能座舱解决方案、智能网联平台、汽车贸易与服务解决方案等。

② 构建覆盖全产业链核心环节的服务功能

一是为研发环节提供协同研发功能。京东汽车云为车企提供协同研发平台，支持从市场研究、创意设计、详细设计到测试改进、营销定价等全链路的协同工作。利用京东集团海量用户的脱敏数据和先进的人工智能技术，预测汽车用户在各个细分场景下的共性化与个性化的需求，并自动设计出满足用户需求的爆款商品。

二是为生产环节提供智能制造功能。京东汽车云支持车企的智能制造升级，通过数智工厂、工业互联、生产优化、数字孪生等方案，将新一代信息技术连接，构建物联互通的生产数智化引擎，助力车企挖掘数据价值，优化生产环节，提高生产力，实现降本增效。

三是为供应环节提供数智采购和供应链一体化功能。数字采购功能主要是通过构建高效的数智采购平台，京东汽车云帮助车企实现采购流程的优化和透明化，同时整合优质供应商资源、提供精准的采购信息，降低采购成本，提高采购效率；供应链一体化是京东汽车云通过智慧化物流供应链，实现仓、配、运一体化，从入库到出库的全场景自动化，提高了供应链整体效率和透明度，同时基于历史数据和大数据技术预测终端需求，实现需求预测和需求计划，帮助车企实现降本提效与可视化追溯。

四是为销售环节提供全域营销功能。京东汽车云为车企搭建平台化的线上商城，后端集成京东汽车业务生态，构建车企全域营销能力，并基于精准的用户画像和数据分析，实现精准营销与高效营销，提高销售效率和转化率。

五是为服务环节提供增值服务功能。京东汽车云提供车载购物、智能保养等增值服务，结合智能前置仓储和物流配送体系，为消费者提供便捷、智能的用车体验及电商服务，同时基于车联网服务、汽车金融、汽车保险等供应链能力，连接汽车产业与消费两端，提升服务价值和用户满意度。

3. 京东汽车云发展路径总结

京东汽车云是由京东这一平台企业主导，借助其较完善的物流配送体系、广泛的合作伙伴网络、成熟的大数据、云计算和人工智能等技术，从汽车后市场切入，以服务"供、销、服"环节为突破口，从拓展服务广度和强化服务深度两个维度完善平台功能，使京东汽车云具备覆盖全产业链核心环节的服务功能，能连接汽车产业与消费两端，可以为汽车产业链提供全方位数智化解决方案。其萌发所具备的先决条件如下。

（1）具备洞察行业需求的能力、技术与数据积累

首先，对汽车行业理解深入。京东集团通过布局零售、物流、金融、健康、工业等多元化业态，形成了对汽车产业链上中下游的全方位覆盖。这种全面的布局使京东汽车云能够更好地理解汽车行业的需求，并提供更加精准的解决方案。其次，拥有强大的技术与数据积累。京东集团在多年的电商运营中积累了丰富的大数据资源和强大的技术实力，包括云计算、人工智能和物联网等技术，这些技术为京东汽车云的发展提供了坚实的技术支撑。

（2）京东集团的强大支撑

京东集团为京东汽车云带来了三个方面的强大支撑：一是品牌与流量。京东集团作为国内领先的电商平台，拥有庞大的用户基础和强大的品牌影响力，为京东汽车云提供了巨大的流量入口和品牌背书。二是供应链能力。

京东集团具备强大的供应链能力,包括高效的仓储、配送、物流体系等。这些能力为京东汽车云在汽车行业的物流、仓储、配送等环节提供了有力支持。三是合作伙伴网络。京东集团与众多汽车企业、零部件供应商、经销商等建立了紧密的合作关系,形成了广泛的合作伙伴网络。这些合作伙伴为京东汽车云提供了丰富的行业资源和合作机会。

(3) 找准行业痛点作为切入点

汽车产业面临供应链链路太长、数据不通、库存管理难、售后服务效率低、品质参差不齐、汽车企业遭遇数字化转型困境、消费者个性化需求难以满足等痛点问题。京东汽车云通过数智化供应链解决方案、线上线下一体化销售模式、一站式服务体系、一站式数字化转型解决方案及其他创新的技术和服务,有效解决了汽车产业发展中的多个痛点和难点问题。这些解决方案不仅提高了汽车企业的运营效率和市场竞争力,还为消费者提供了更加便捷、高效和个性化的汽车消费体验。

6.1.2　钢铁行业产业互联网平台:欧冶云商发展路径分析

1. 发展背景及现状

欧冶云商股份有限公司(简称欧冶云商)成立于2015年,是中国宝武集团整合原有大宗商品电子商务优质资源,以全新商业模式建立的钢铁生态服务平台。这一平台的诞生,正值产业互联网快速发展、大宗商品流通领域亟须重构的时代。随着钢铁行业的转型升级及国家政策的推动,欧冶云商应运而生,旨在通过互联网技术推动钢铁行业的数字化转型和智能化升级。其以"服务型生产体系"为商业模式,依托互联网、物联网、大数据、移动互联等全新技术手段,构建了集交易、物流、加工、知识、数据和技术等综合服务于一体的钢铁产业互联网平台。其主营业务包括互联网服务、互联网交易、物流服务及其他交易和服务四大类,具体服务内容涵盖现货交易、产能预售、平台化统购分销、MRO工业品采购服务平台交易、跨境电商交易及仓储、运输、加工等配套服务。这些服务不仅提高了钢铁交易、运输、仓储、交付、售后等各个环节的效率，还为用户提供了更加便捷、高效和个性化的服务体验。良好的品牌形象和市场口碑使得过去几年中欧冶云商的营业收入和净利润均实现了显著增长。在 2019 年、2020 年和 2021 年，公司的营业收入分别为 559.84 亿元、747.72 亿元和 1 266.69 亿元，净利润也逐年上升，分别达到 6 714.96 万元、2.98 亿元和 4.86 亿元。尽管 2022 年净利润出现了一定程度的下滑，但公司仍保持了较高的营业收入水平。

2. 发展阶段及功能

欧冶云商的发展过程可以分为三个阶段：平台化阶段、智慧化阶段和生态化阶段。

（1）平台化阶段

自 2015 年成立到欧冶综合平台上线前是欧冶云商平台化阶段。在这一阶段，欧冶云商通过基础设施构建、资源整合、服务模式创新等关键举措，重点围绕钢铁产业"供、销、服"三个产业链环节提供功能服务。

① 主要举措

一是基础设施构建：欧冶云商致力于打造集交易、物流、加工、数据、专业知识等服务于一体的产业互联网平台。通过拓展和完善各项服务平台，实现商业模式的创新。二是资源整合：凭借其背靠中国宝武钢铁集团（简称中国宝武）的先天资源优势，欧冶云商在钢材资源、管理人才和资金投入等方面具备坚实基础。同时，欧冶云商通过"人才飞地"新模式，拉网式走访全国钢厂，快速完成客户资源的开发。三是服务模式创新：欧冶云商创新了现货交易、产能预售、平台化统购分销等服务模式，通过系统或人工撮合，进行供需信息匹配和在线交易，将钢厂、贸易商和终端用户进行整合，实现物流、信息流、资金流及商流的循环运转。

② 主要服务环节和功能

一是为供应环节提供信息服务和智慧物流服务。欧冶云商通过构建高效的供应体系，整合上游钢厂资源，为下游用户提供稳定可靠的钢材供应。在平台化阶段，欧冶云商利用互联网技术打破了传统供应模式的信息壁垒，实现了供需双方的高效对接。通过现货交易、产能预售等服务模式，欧冶云商将钢厂的产能与市场需求紧密连接起来,提高了供应链的整体效率。除信息服务外,欧冶云商通过构建智慧物流体系,实现了钢材的快速配送和准确追踪。

二是为销售环节提供在线交易服务。销售环节是欧冶云商平台化阶段的核心服务领域之一。欧冶云商通过构建在线交易平台,为钢厂、贸易商和终端用户提供了一个便捷、透明的交易环境。在平台上,钢厂可以发布产品信息,贸易商和终端用户则可以根据自身需求进行选购。此外,欧冶云商还创新了平台化统购分销等服务模式,通过系统或人工撮合,实现供需信息的精准匹配和在线交易。这不仅降低了交易成本,还提高了交易效率。

三是为服务环节提供定制化加工、数据披露和专业知识服务。在服务环节,欧冶云商提供了全方位的服务支持。欧冶云商通过提供加工服务,满足了用户对钢材定制化的需求;通过数据服务,帮助用户更好地把握市场动态和趋势;通过专业知识服务,提升了用户的选材用材能力。这些服务不仅提高了用户满意度,还增强了用户黏性。

(2) 智慧化阶段

自 2017 年 5 月欧冶综合平台上线到 2020 年疫情暴发前,是欧冶云商的智慧化阶段。这一阶段的核心举措,除技术创新之外,还包括智慧化运营和生态拓展。这些措施助力欧冶云商深化了"供、销、服"环节的服务能力,同时也在一定程度上支持了"研"和"产"环节。

① 主要举措

一是智慧化运营。聚焦智慧化运营服务体系建设,依托新一代信息技术,实现产业链上下游的高效协同。二是技术创新。通过数据智能技术、智慧交易技术等创新,提升平台的智能化水平,为用户提供更加便捷、高效的服务体验。三是生态拓展。在平台化的基础上,进一步拓展生态圈,吸引更多产业链伙伴加入,共同推动钢铁行业的数字化转型。

② 主要服务环节和功能

一是为供应环节提供更为深入的信息服务和智慧物流服务。智慧化阶段,欧冶云商通过运用大数据、云计算等现代信息技术,进一步提升了供应链的透明度和灵活性。平台能够实时跟踪钢材库存、预测市场需求，从而帮助钢厂和贸易商更加精准地安排生产和采购计划。欧冶云商还通过智慧物流系统，实现了钢材运输的可视化和智能化管理，提高了物流效率，降低了物流成本。

二是为销售环节提供优化的交易服务、定制化服务。在销售环节，欧冶云商的智慧化平台提供了更加个性化、智能化的服务。平台利用数据分析技术，对用户的购买行为、偏好等信息进行深入挖掘，从而为用户提供更加精准的商品推荐和定制化服务。此外，平台还通过智能定价、智能合约等功能，简化了交易流程，降低了交易成本，提高了交易效率。

三是为服务环节提供精细化的定制加工、数据披露和专业知识服务。智慧化阶段的服务环节更加多元化和精细化。具体来说，平台通过引入先进的加工设备和技术，为用户提供了高质量的钢材加工服务；通过构建大数据平台，为用户提供了丰富的市场信息和行业洞察；通过提供专业的钢铁知识服务，帮助用户提升选材用材能力。此外，平台还通过智能客服、在线技术支持等手段，提高了用户服务的响应速度和用户满意度。

四是对"研"和"产"环节的支持。虽然欧冶云商的主要服务集中在"供、销、服"环节，但其智慧化平台也在一定程度上支持了"研"和"产"环节。例如，平台通过收集和分析市场需求信息，为钢厂的产品研发提供数据支持；通过优化供应链资源配置，提高原材料供应的稳定性和效率，从而支持钢厂的生产活动。同时，平台还通过引入先进的智能制造技术和解决方案，推动钢厂向智能化、绿色化方向发展。

（3）生态化阶段

自2020年疫情暴发以来欧冶云商进入生态化阶段，通过构建信用体系、共享服务生态圈、深化服务等举措，将其服务功能延伸到钢铁行业产业链的"研、产、供、销、服"全部核心环节，形成了一个全面、协同和高效的生态系统。

① 主要举措

一是构建信用体系。利用核心技术构建多维度、数据化和数字化的信用体系，为生态圈内的合作伙伴提供更加可靠的信用保障。二是共享服务生态圈。致力于构筑大宗商品共享服务生态圈,通过共享资源和优化配置,提升整个产业链的效率和竞争力。三是拓展服务内容。在交易、物流、加工等基础服务上,进一步深化服务内容,提供基于互联网的商业智能决策服务、钢铁专业知识服务等增值服务,满足用户的个性化需求。

② 主要服务环节和功能

一是为研发环节提供数据支持、促进产学研合作。在生态化阶段,欧冶云商通过构建开放的研发合作平台,促进了钢铁行业的技术创新和产品研发。具体而言,欧冶云商可以提供数据支持,利用自身平台积累的海量数据资源,为钢铁企业的研发活动提供数据支持,帮助企业更准确地把握市场趋势和用户需求;同时促进产学研合作,搭建产学研合作桥梁,促进钢铁企业、高校和研究机构之间的合作与交流,共同推动钢铁行业的技术进步和产品创新。

二是为生产环节提供智能制造服务。在生产环节,欧冶云商通过提供智能制造解决方案和优化供应链管理,提高钢铁企业的生产效率和质量水平。具体包括:第一,提供智能制造解决方案,引入先进的智能制造技术和设备,帮助企业实现生产过程的数字化、网络化和智能化转型,提高生产效率和灵活性;第二,优化供应链,利用大数据和人工智能技术优化供应链资源配置,提高原材料供应的稳定性和效率,降低生产成本。

三是为供应环节提供库存智能管理和产品质量管控服务。在供应环节,欧冶云商通过构建高效、透明的供应链体系,保障钢铁产品的稳定供应。具体服务包括:第一,智能库存管理。通过物联网和大数据技术实时监控库存情况,实现智能预测和补货,降低库存成本;第二,供应商管理。对供应商进行严格的筛选和评估,建立长期稳定的合作关系,确保原材料的质量和供应的稳定性。

四是为销售环节提供一站式交易和精准营销服务。销售环节是欧冶云商生态化服务的核心之一。欧冶云商通过构建多渠道、多层次的销售网络,帮助钢铁企业拓宽市场渠道,提升销售效率。具体服务包括:第一,在线交易平台。提供"一站式"在线交易平台,实现钢材产品的在线展示、询价、下单和支付等功能,简化交易流程;第二,精准营销服务。利用大数据和人工智能技术分析用户需求和行为习惯,为钢铁企业提供精准营销服务,提高市场占有率和用户满意度。

五是为服务环节提供全方位的增值服务。在服务环节,欧冶云商通过提供全方位的增值服务,增强客户黏性并提升客户满意度。具体服务包括:第一,物流服务。构建智慧物流体系,提供高效、便捷的物流配送服务,降低物流成本并提高配送效率。第二,加工服务。提供钢材加工服务,满足用户对钢材产品的个性化需求。第三,金融服务。与金融机构合作推出供应链金融产品,为钢铁企业提供融资、保险等金融服务支持。第四,知识服务。提供专业的钢铁行业知识服务,包括市场分析、技术咨询、标准解读等内容,帮助企业提升竞争力和创新能力。

3. 欧冶云商发展路径总结

欧冶云商由钢铁行业巨头中国宝武主导,借助其大宗商品电子商务优质资源、具备深厚技术背景和丰富行业经验的团队,欧冶云商从创新钢铁行业服务模式入手,以服务"供、销、服"环节为突破口,从深化服务能力和延伸服务环节两个维度完善平台功能,形成了一个全面、协同、高效的生态系统。欧冶云商的发展具备以下几个先决条件。

(1) 具有资源整合能力与技术团队优势

首先,具备强大的资源整合能力。欧冶云商依托中国宝武的整合能力,能够迅速汇聚钢铁产业链上下游的各类资源,为平台的快速发展提供了有力支撑。其次,拥有技术团队的优势。欧冶云商拥有一支具备深厚技术背景和丰富行业经验的团队,能够持续推动平台的技术创新和功能升级。

(2) 强大的母公司背景

欧冶云商由中国宝武整合原有大宗商品电子商务优质资源创立。中国宝武作为中国钢铁行业的领军企业,为欧冶云商提供了强大的品牌背书和丰富的行业资源。

(3) 找准行业痛点作为切入点

钢铁行业传统供应链存在信息不对称、交易效率低、交易迂回导致交易成本高等难题,欧冶云商构建了"服务型生产体系"的全新商业模式,依托互联网、物联网、大数据、移动互联等全新技术手段，打造集交易、物流、信用服务、数据、资讯等综合服务为一体的第三方 B2B 平台，有效解决了供需匹配难题、降低了交易成本。

(4) 资金有保障

欧冶云商的注册资本为 33 亿元，并在成立后成功实施了多轮股权开放，引入了民营资本、海外资本和员工持股平台等，为公司的快速发展提供了充足的资金支持。

6.1.3 轻工业产业互联网平台：致景科技发展路径分析

1. 发展背景与现状

随着经济的高速发展和快时尚行业的崛起，纺织服装行业面临着市场需求快速变化、小单快反、定制化服务成为主流等挑战。传统以人工为主力的生产制造模式不再适应产业发展，劳动力紧缺、技术工人招聘难、员工技能培养难等问题日益凸显。同时，产能浪费、效率低下、管理模式老旧等成为制约纺织行业发展的重要因素。在此背景下，2013 年 12 月，广州致景信息科技有限公司（简称致景科技）应运而生，总部位于广东省广州市，其是专注于纺织产业互联网的国家高新技术企业，致力于利用新一代信息技术推动纺织产业数字化转型。

目前，平台已建立较为完善的服务功能，并获得了业内外的广泛认可。首先，致景科技旗下拥有"百布""全布""天工""致景金条""致景纺织智造园""致景智慧仓物流园"等业务板块，覆盖纺织产业链的上中下游多个环节，并与众多纺织产业链上下游企业建立了紧密的合作关系，业务范围已覆盖全国乃至全球多个地区；同时，已推出"飞梭智纺"等系统，能为纺织生产企业提供数字化、智能化解决方案，提高生产效率和产品质量。其次，致景科技入选"2024 广州新质生产力高企百强榜单"，并连续五年入选中国独角兽企业榜单，体现了业界对它的高度认可；荣获"2023—2024 年度上海电子商务示范企业"称号，标志着其在纺织服装行业的技术引领、创新发展、价值创造等方面受到高度肯定；其印染 MES* 项目成功入选 2024 年第 4 批上海市高新技术成果转化项目名单，进一步彰显了它的技术实力和创新成果。

2. 发展阶段及功能

（1）初创与探索阶段（2013—2017 年）

在致景科技的初创与探索阶段，通过上线百布平台、建立纺织品体验馆、建设标准化产品单元（Security Processing Unit，SPU）产品库等举措，以应对纺织面料市场存在供需匹配困难、交易低效等问题，因而这一阶段其主要服务于纺织行业产业链的"供"与"销"两个主要环节。

① 主要举措

一是上线百布平台：2014 年，致景科技推出"百布"平台，通过 AI+大数据+智能硬件技术手段，解决"找布难"问题，实现快速找布和交易闭环，提高供应链效率。二是建立纺织品体验馆：2015 年，开设业内首个纺织品体验馆，增强用户体验和信任度。三是建设 SPU 产品库：2016 年，建立业内 SPU 最丰富的面料产品库，进一步丰富平台资源。

② 主要服务环节和功能

一是为供应链环节提供信息服务。在供应链环节，致景科技通过其创新的技术和平台，有效地解决了纺织行业长期以来存在的供需匹配困难、交易效率低下等问题。具体来说，致景科技在这一阶段推出了"百布"平台，该平台利用 AI、大数据、智能硬件等新一代信息技术，将纺织面料市场中的供需双方高效连接起来。通过快速精准匹配布料，简化找布流程，解决了生产商找布难、找布慢的问题，提高了供应链的响应速度和效率。

二是为销售环节提供线上线下相结合的交易服务。在销售环节，致景科技的"百布"平台发挥了重要作用。该平台不仅提供了丰富的面料产品库，还支持线上撮合和线下履约等"一站式"布料交易服务，为下游中小服装制造厂提供了便捷、高效的采购渠道。通过优化交易流程、降低交易

---

* 制造企业生产过程执行系统（Manufacturing Execution System，MES）。

成本，致景科技助力纺织面料市场实现了更加顺畅、高效的销售，促进了整个产业链的健康发展。

（2）拓展与深化阶段（2018—2020年）

随着纺织行业对数字化转型需求的增加，致景科技开始布局更广泛的产业链服务。在这一阶段通过运营"全布"平台、升级飞梭智纺、建立研究中心等措施，使其主要服务的纺织行业产业链环节进一步扩展，不仅继续深耕"供"与"销"环节，还开始涉足"产"与"服"环节。

① 主要举措

一是运营"全布"平台：2018年，"全布"纺织工业互联网平台全面运营，以数字化技术赋能纺织产业链，实现上游纱、织、印染生产数智化经营管理。二是升级"飞梭智纺"：2020年，"飞梭"品牌正式全面升级为"飞梭智纺"，为纺织行业提供全产业链数智化升级服务，包括智能排产、设备预测性维护、坯布质量智能检测等。三是建立战略合作与研究中心：与东华大学共建纺织工业互联网研究中心，与中国移动浙江公司、中移物联网达成战略合作，推动技术创新和产业升级。

② 主要服务环节和功能

一是继续优化"供"与"销"环节的功能服务。在拓展与深化阶段，致景科技继续优化其"百布"平台，通过不断积累行业数据和深化技术应用，进一步提高了供需匹配的精准度和交易效率；同时，致景科技加强与产业链上下游企业的合作，拓宽了面料来源渠道，丰富了产品种类，为下游服装制造厂提供了更加多样化的选择；致景科技还加强了与科研机构、高校等的合作，推动产学研用深度融合，在提升自身行业服务能力的同时，为纺织产业链的创新发展提供强有力的支撑。

二是为生产环节提供数字化管理解决方案。随着技术的积累和市场的拓展，致景科技开始深入服务纺织产业链的生产环节。在这一阶段，致景科技推出了"全布"平台，该平台利用云计算、大数据、AI等新一代信息技术，赋能纺织面料制造环节。通过打造数智化产品"飞梭智纺"，致景科技为纺织生产企业提供了低成本、易维护和快速部署的数字化管理解决方案，帮助企业实现生产过程的智能化、透明化和可追溯化，从而提高生产效率，降低生产成本，提升产品质量。

三是为服务环节构建全方位的服务体系。除生产和销售环节外，致景科技还开始拓展服务环节，构建全方位的服务体系。在这一阶段，致景科技通过整合产业链资源、提供供应链金融、技术咨询等增值服务，为纺织产业链上的企业提供更加全面的支持。这些服务不仅帮助企业解决了资金、技术等方面的难题，还促进了产业链上下游企业的紧密合作和协同发展。

（3）成熟与引领阶段（2021年至今）

这一阶段，致景科技通过建设纺织智造园、布局全球化、共建生态与共享价值的举措，在纺织产业数字化转型领域取得显著成效，开始具备引领行业向更高水平发展的能力，其主要服务已经全面覆盖纺织行业产业链的"研、产、供、销、服"各个环节。

① 主要举措

一是纺织智造园建设：2021年，致景科技在四川宜宾市等中西部地区与政府共建致景纺织智造园，推动纺织产业转移和向数智化、集群化方向发展。二是全球化布局：在新加坡、孟加拉国、日本、韩国等海外市场布局，拓展国际市场业务。三是持续技术创新：基于"飞梭智纺"平台，不断优化和升级数智化系统，如推出"边织边检"智能系统，实现坯布在线疵点检测及预警；针对印染工厂痛点，开发智能配方、智慧定型、超级中控、协同排产等功能。四是生态共建与价值共享：与产业链上下游企业、科研机构等合作，共建数智化生态体系，推动纺织服装行业高质量发展。

② 主要服务环节和功能

一是为研发环节提供技术支持和数智化解决方案。在研发环节，致景科技通过持续的技术创新和产品迭代，为纺织行业提供了先进的数智化解决方案。公司拥有一支强大的研发团队，致力于人工智能、大数据、云计算等前沿技术的研发与应用，推动纺织行业的技术进步和产业升级。例如，致景科技自主研发的"飞梭智纺"系统，就是基于新一代信息技术打造的纺织工业互联网数智化平台，为纺织生产企业提供了强大的技术支持。

二是为生产环节提供智能化监管服务。在生产环节，致景科技通过"飞梭智纺"系统，全面赋能纺织面料制造环节。该系统能够实时监控生产过程中的各项数据，提供织机监控、产量报表、工资计算、效能分析等功能，帮助纺织企业解决异常停机难处理、工资计算烦冗出错、工人效率难把控等问题。同时，致景科技还推出了"边织边检"智能系统，以智能巡检替代人工巡检，实现坯布在线疵点检测及预警，有效提高了生产效率和产品质量。

三是为供应环节提供信息互通和磋商平台服务。在供应环节，致景科技通过其平台优势，实现了纺织产业链上下游的高效连接。公司不仅拥有品类齐全的面料参数数据库，还通过"智能硬件+AI+大数据"技术，实现了布料的快速精准匹配。此外，致景科技还与多家纺织企业建立了紧密的合作关系，以确保供应链的稳定性和可靠性。通过这些措施，致景科技有效地解决了纺织行业长期以来存在的供需匹配困难、交易效率低下等问题。

四是为销售环节提供一站式交易服务。在销售环节，致景科技通过其"百布"平台，为下游中小服装制造厂提供了便捷、高效的采购渠道。该平台不仅拥有丰富的面料产品库，还支持线上撮合和线下履约等一站式布料交易服务。通过优化交易流程、降低交易成本，致景科技助力纺织面料市场实现了更加顺畅、高效的销售。

五是为服务环节提供全方位、多层次的增值服务。在服务环节，公司不仅为纺织产业链上的企业提供供应链金融、技术咨询等支持，还通过共建数智化生态体系，推动产业链上下游企业的紧密合作和协同发展。致景科技还积极参与行业标准的制定和推广工作，为纺织行业的规范化、标准化发展作出了积极的贡献。

3. 致景科技发展路径总结

致景科技虽然不是由具备深厚行业背景的母公司所主导成立，但其背靠庞大的纺织服装产业市场作为发源地，拥有一个同时具备互联网技术与纺织行业跨领域深度融合的团队，为其诞生、发展奠定了坚实的市场、技术和创新基础。致景科技从解决"找布难"这一痛点着手，以服务"供、销"环节为突破口，借助技术创新、生态共建与价值共享，从拓展产业链环节和区域服务广度、强化各环节服务深度两个维度完善平台功能，使致景科技在纺织产业数字化转型领域取得显著成效，开始具备引领行业向更高水平发展的能力。其萌发所具备的先决条件如下。

（1）具有一支互联网技术与纺织行业跨领域深度融合的团队

首先，具备强大的技术积累与创新能力。致景科技的核心团队来自阿里巴巴、美团、唯品会等一线互联网企业及纺织行业的资深专家，具备深厚的技术积累和创新能力。其次，拥有跨领域深度融合的团队。团队精通纱线原材料、面料生产、分销渠道、服装产销等产业链各个环节，能够将互联网技术与纺织行业深度融合，推动行业的数字化转型。

（2）背靠纺织服装产业大市场

广州作为中国纺织服装产业的重要城市，拥有庞大的产业链和市场需求。这为致景科技提供了丰富的业务场景和市场机会。

（3）找准行业痛点作为切入点

在纺织服装行业中，长期存在"找布难"等痛点问题。致景科技正是瞄准了这些痛点，通过信息化手段提升布匹流通效率，从而满足市场需求。

（4）资金保障

致景科技在成立之初及后续发展阶段获得了多轮融资支持，包括全球私募股权投资巨头老虎基金及中金资本等多家机构的投资。这为公司的快速发展和业务拓展提供了充足的资金保障。

6.1.4 结论与启示

1. 结论

在价值共创中，产业互联网平台注重深度整合产业链和用户参与，以提升运营效率，而消费互联网平台关注提高交易效率。产业互联网平台先提升服务质量再扩张规模，与消费互联网平台追求的规模优先策略形成对比。此外，产业互联网平台通过分阶段设计和用户专用性参与促进价值共创，而消费互联网平台更多提供通用服务，缺乏深入的合作关系。

2. 启示

一是产业互联网平台应根据自身特点和与消费互联网平台的差异，避免简单模仿后者的经营模式,而是应该分阶段地发展自己的独特策略。

二是产业互联网平台需要关注提升产业效率,而非单纯追求规模扩张。通过深入了解用户需求并设计良好的平台架构,平台可以实现质量与规模的平衡增长,并在竞争中保持优势。

三是产业互联网平台的发展应遵循三个阶段:首先,是识别瓶颈问题、建立优势;其次,是调整平台架构、深化服务;最后,是引导用户深度参与、共建生态,以促进平台的持续成长。平台参与者应该积极参与平台生态建设,实现共赢。

6.2 制造业转型升级导向下促进我国产业互联网发展的路径设计

从上述对重点行业的产业互联网平台发展过程的分析中可以看出:一是这些平台的发展基本遵循"发挥优势、创建平台→深化服务、拓展功能→共建生态、共享价值"的历程,甚至致景科技还通过全球化布局开启了国际化拓展的尝试;二是任何一个产业互联网平台的搭建必须基于一定的平台设施和技术、行业技术、市场、资源、资金,其中网络基础设施和产业互联网相关技术是平台赖以生存的基础条件。根据这些行业案例的发展规律和发展必要条件,并结合当前我国产业互联网发展的阶段和存在的痛点问题,为了构建与我国制造业发展相协调的产业互联网生态体系,促进我国制造业转型升级,本研究提出了我国产业互联网发展的路径为"夯实基础→搭建平台→深化应用→构建生态→国际化拓展"。

6.2.1 夯实基础:完善产业互联网基础设施体系,推动技术标准的统一和互认

1. 加强基础设施建设,降低网络延迟和成本

一是加强网络基础设施建设与升级。继续加大 5G 网络的建设力度,特

别是在农村和偏远地区的覆盖，确保网络的高速、稳定和安全。同时，要推动5G技术的创新应用，如5G+工业互联网、5G+智慧城市等，以充分发挥5G的潜力；继续推进光纤到户、光纤到村工程，提高光纤网络的覆盖率和带宽，满足日益增长的数据传输需求；优化网络拓扑结构，以提高网络的可靠性和稳定性，降低网络延迟，提升用户体验，同时，要加强网络设备的维护和保养，确保网络长期稳定运行。

二是推动数据中心建设与优化。根据区域经济发展和产业布局，合理规划数据中心的布局，避免资源浪费和重复建设，并推动数据中心向绿色、低碳、高效方向发展，提高能源利用效率；加强数据中心的基础设施建设，提高数据中心的计算能力、存储能力和传输能力，同时推动数据中心与云计算、大数据、人工智能等技术的深度融合，提供更加丰富和智能的服务；加强数据中心的安全防护体系建设，包括物理安全、网络安全、数据安全等方面，确保数据中心的安全稳定运行。

三是加快物联网设备发展与升级。加强物联网芯片、传感器、通信协议等核心技术的研发，提高物联网设备的性能和稳定性，并推动物联网技术在智能家居、智能交通、智能医疗等领域的创新应用；制定和推广物联网设备的标准和规范，确保不同厂商、不同平台的物联网设备能够互联互通，提高物联网设备的兼容性和互操作性；加强物联网设备的安全防护体系建设，包括身份认证、数据加密、安全审计等方面，确保物联网设备的安全可靠运行。

2. 推动产业互联网相关技术的标准化工作，确保不同企业、不同平台之间的系统能够互联互通

一是强化顶层设计，构建标准体系。首先需要强化顶层设计，构建完善的产业互联网标准体系。这包括明确标准化的总体目标、重点方向和实施路径，形成涵盖基础共性、网络、边缘计算、平台、安全、应用等各重点方向的标准体系框架。可以借鉴工业和信息化部发布的《工业互联网综合标准化体系建设指南（2021版）》，该指南为工业互联网标准化工作提供了重要的指导和依据。

二是加快标准研制，填补标准空白。针对产业互联网领域的技术标准空白，应加快标准研制步伐。这包括组织行业专家、企业代表和科研机构共同参与，针对数据格式、接口协议、安全标准等关键技术、测试方法、管理评价、典型应用领域开展标准研制工作。同时，要注重与国际标准的接轨和互认，提升我国产业互联网标准的国际影响力。

三是推进标准应用，促进产业发展。标准的生命力在于应用，为推动产业互联网标准的应用实施，可以开展标准宣贯会、培训班等活动，提高行业对标准的认知度和应用水平。同时，鼓励企业在产品研发、生产、销售等环节积极采用标准，促进产业互联网技术的规范化和规模化应用。

四是加强国际合作，推动标准互认。在全球化的背景下，加强国际合作是推动产业互联网标准化工作的重要途径。可以积极参与国际标准化组织的工作，与国际同行开展交流与合作，共同推动产业互联网相关技术的标准化进程。同时，推动国内外标准的互认和对接，为我国产业互联网企业"走出去"提供有力的支持。

五是建立反馈机制，持续优化标准。随着技术的不断发展和产业的不断变化，产业互联网标准也需要持续优化和完善。因此，建议建立标准实施反馈机制，及时收集行业在应用标准过程中遇到的问题和建议，为标准的修订和完善提供依据。同时，鼓励企业、科研机构和行业协会等积极参与标准修订工作，形成良性互动的标准化生态环境。

6.2.2 搭建平台：搭建产业互联网平台，整合各方资源，促进信息共享和协同作业

1. 鼓励和支持企业、科研机构等搭建产业互联网平台

一是优选和培育构建制造业各行业产业互联网平台的主导企业。构建产业互联网平台的主导企业必须具备的五个条件：第一，行业优势地位和丰富产业资源。主导企业应该是行业的领军企业或知名品牌，具有广泛的行业认可度和号召力，拥有供应链资源、渠道资源、技术资源等。第二，

技术创新和数字化能力。主导企业需要具备强大的技术研发和创新能力，能够持续推出符合市场需求的新技术、新产品和新服务，并具备完善的数字化基础设施和数字化运营能力，能够支撑产业互联网平台的建设和运营。第三，平台建设与运营能力。主导企业应具备构建高效、稳定、安全的产业互联网平台的能力，包括平台架构设计、功能开发、数据管理等，并能确保平台的有效运营，同时还需要具备构建产业互联网生态的能力，吸引更多的产业链上下游企业加入平台，形成互利共赢的产业生态。第四，市场洞察与用户服务能力。主导企业必须具备准确把握市场趋势和用户需求、为用户提供高效、便捷、个性化服务的能力，以确保产业互联网平台定位和发展方向的正确性、用户满意度和黏性的稳定提升。第五，合规性与社会责任感。主导企业必须严格遵守国家法律法规和行业规范，积极履行社会责任，确保产业互联网平台可持续发展。

根据以上条件，引导重点企业补齐短板，为产业互联网平台的构建提供种子。对技术门槛高、产品更新换代快的制造业行业，如电子信息制造、航空航天装备、生物医药及高性能医疗器械、高端装备制造等行业，着重支持行业龙头企业加快数字化转型，在平台构建与运营管理的技术、人才、资金方面给予支持，并为龙头企业与互联网技术企业、科研机构、院校的开放合作创造有利条件和环境，引导行业龙头企业主导构建专注于本行业相关领域的垂直型产业互联网平台；对产品种类多、市场需求多样化的制造业行业，如消费品制造、汽车零部件制造、通用设备制造等行业，借助资金、税收、人才等方面的优惠和扶持，重点引导相关领域的龙头电商平台，除不断优化服务功能、创新盈利模式外，持续拓展合作行业，加深融合深度，引导平台企业主导构建跨行业综合性产业互联网平台。

二是加强产业互联网平台项目示范推广。首先，加强政策的引导与支持。政府部门可以制定并发布相关政策文件，明确产业互联网平台的发展方向、重点任务和支持措施，为示范推广提供政策保障；同时，通过设立专项基金、提供财政补贴、税收减免等方式，对产业互联网平台项目给予资金支持，降低企业的运营成本和市场风险；推动产业互联网平台相关标准的制定和实施，对符合标准的项目进行认证和授牌，提升项目的权威性和可信度。其次，注重平台建设与优化。在行业内筛选一批具有代表性、创新性和可复制性的产业互联网平台项目作为示范项目，确保示范项目能够充分展示产业互联网平台的价值和潜力；对示范项目进行深入研究和评估，根据其实际需求和市场反馈，不断完善平台的功能和用户体验，提升平台的竞争力和吸引力；加强数据安全保障措施，确保示范项目的数据安全和隐私保护，增强用户对平台的信任度和依赖度。最后，加大市场推广与宣传力度。通过举办研讨会、论坛、展会等活动，邀请示范项目企业分享成功经验、技术创新和市场拓展等方面的案例，为其他企业提供借鉴和参考；利用新闻媒体、社交媒体等渠道对示范项目进行广泛宣传报道，提高项目的知名度和影响力，吸引更多企业和用户的关注和参与；与行业协会、研究机构、高校等建立合作关系，共同开展产业互联网平台项目示范推广，形成合力，推动产业互联网的发展。

三是推动产业互联网平台资源的开放共享。首先，强化政策引导与安全保障。政府出台相关政策，鼓励和支持产业互联网平台企业开放资源，提供税收优惠、资金补贴等激励措施；制定统一的产业互联网平台资源共享标准和规范，确保资源的可操作性和安全性，为开放共享提供技术保障；通过技术创新提高资源共享的效率和安全性，如采用区块链技术保障数据的安全和可信；建立完善的网络安全防护体系，确保在资源开放共享的过程中不出现数据泄露、网络攻击等安全问题。其次，发挥平台企业与行业协会的主动性。平台企业应主动建立开放共享机制，明确资源共享的范围、方式、条件等，降低其他企业接入和使用的门槛。同时，应该开放应用程序接口和数据服务，允许其他企业基于平台资源进行二次开发和创新应用，以丰富平台生态；积极寻求与其他平台企业、行业龙头企业、科研机构的合作，共同推动资源共享和协同创新。行业协会可以发起行业倡议，呼吁企业开放资源，共同推动产业互联网平台资源的开放共享；标准组织可以制定和推广资源共享相关标准，提高行业整体的开放共享水平。同时，积极构建市场机制与共享机制。通过市场机制建设，鼓励企业之间进行资源交换和共享，实现互利共赢；并建立合理的利益共享机制，确保在资源开放共享的过程中，各方都能获得相应的收益和回报。

2. 以平台为依托整合产业链上下游企业的资源

一是提升平台服务能力，汇聚产业链上下游企业及资源。首先，通过数据整合与接入、信息系统集成、信息发布与检索等方式提高平台信息共享能力。一方面，整合并统一管理、共享产业链上下游企业的生产、库存、物流等各类数据，利用大数据和人工智能技术，对数据进行深度挖掘和分析，为产业链上下游企业提供决策支持；另一方面，确保产业互联网平台与企业现有系统的良好兼容性和互通性，与企业现有的信息系统进行集成，实现数据的无缝对接和流通；此外，通过建立统一的供需信息发布平台、提供智能检索功能，方便企业查找合作伙伴和潜在客户、帮助企业快速找到所需信息。其次，凭借智能匹配算法、构建在线交易环境和创新金融服务提升平台交易撮合能力。利用大数据和人工智能技术，对供需双方的需求进行智能分析和匹配，并根据价格、质量、信誉等多个维度进行匹配，提高撮合成功率和交易效率；打造具备支持多种支付方式和物流跟踪服务的安全、便捷的在线交易环境，并建立完善的信用评价体系和交易保障机制，确保交易的真实性和安全性；另外，针对企业普遍存在的资金短缺问题，为产业链上下游企业提供融资、保险、供应链金融等多元化金融服务，以促进资本与产业的深度融合。最后，利用供应链管理工具、智能物流体系、需求预测与库存优化技术提高供应链管理能力。整合供应链上下游资源，实现订单、库存、物流等信息的实时共享与协同作业，提供供应链协同管理工具，帮助企业优化库存结构、降低运营成本；利用物联网和区块链技术，构建智能物流体系，实现货物配送过程的快速性、透明性和安全性；利用大数据和人工智能技术，对市场需求进行预测和分析，帮助企业制定合理的库存策略，降低库存成本，提高资金周转率。

二是以平台保障体系建设强化产业链上下游企业的平台黏性。首先，建立完善的信息安全管理体系和良好的信用体系，为企业参与产业链的协同发展提供安全感和信心。构建完善的信息安全管理体系，加强对数据和信息的加密、认证和监控，并定期进行信息安全合规性检查，将有助于保障数据的安全和隐私，确保平台运营符合相关法律法规和行业标准；通过对企业的信用状况进行评估和监管，并建立信用奖惩机制，对守信企业给予优惠政策和支持，对失信企业进行惩戒和限制，在平台营造诚实守信的经营氛围，加强合作伙伴之间的信任与合作，降低交易风险。其次，利用合理的利益共享机制和市场机制，使产业链上下游企业实现共赢发展。建立合理的利益共享机制，确保产业链上下游企业在资源整合过程中都能获得相应的收益和回报，确保资源整合的可持续性；通过市场竞争等市场机制促进产业链上下游企业的资源整合，推动企业提高资源利用效率和服务质量，并鼓励产业链上下游企业在竞争中寻求合作，通过合作创新、资源共享等方式实现共赢发展。

6.2.3 深化应用：深化产业互联网在制造业各行业的应用，推动商业模式和服务模式的创新

1. 推动产业互联网平台应用深化，提高生产效率和服务质量

一是优化现有服务功能，提升平台价值和赋能能力。首先，从数据挖掘与分析、个性化推送两个方面深化信息服务。利用大数据技术对平台上的交易数据、用户行为数据等进行深度挖掘和分析，为企业提供更加精准的市场预测、库存管理、客户画像等服务；基于企业的需求和偏好，提供个性化的信息推送服务，帮助企业快速获取有价值的信息。其次，从提升匹配精度和加强交易安全两方面入手升级交易撮合服务。通过引入智能算法，实现供需双方的精准匹配，提高交易撮合的成功率和效率；通过加强交易过程中的安全保障措施，如采用区块链技术确保交易信息的真实性和不可篡改性，增强企业对平台的信任度。最后，通过推动供应链协同和供应链金融发展来强化供应链服务。引入人工智能算法，优化平台的推荐系统、智能客服、自动化物流等环节，推动供应链上下游企业之间的协同合作，实现信息共享、资源优化配置和流程优化，提升用户体验和运营效率；基于供应链数据，为企业提供融资、保险等金融服务，降低供应链成本，提高供应链的稳定性。

二是拓展服务功能，向研发、生产环节延伸。首先，通过建立研发协同平台和提供研发数据支持服务，推动平台功能向研发环节延伸。一方面，可以由平台企业、科研机构、高校共同拟定合作框架协议和资源共享机制，并构建一个集项目管理、资源共享、成果展示、在线交流等功能于一体的研发协同平台，借助该平台的项目发布与匹配、在线协作与沟通等功能，实现跨地域、跨组织的深入研发合作；另一方面，可以借助产业互联网平台的数据汇集与整合能力，为企业提供研发数据支持服务，如市场调研数据、竞争对手分析数据等，帮助企业提高研发效率和成功率。其次，通过打造智能制造支持功能和生产协同优化功能，推动平台功能向生产服务延伸。一方面，推动平台与智能制造技术的融合应用，为不同制造业企业提供针对性的智能制造解决方案和支持服务。针对医药、化工、钢铁、水泥、食品饮料等流程生产行业，应重点通过产业互联网实现生产过程动态优化，制造和管理信息的全程可视化，提升企业在资源配置、工艺优化、过程控制、产业链管理、节能减排及安全生产等方面的智能化水平；针对机械、电子、电器、汽车、航空等离散制造行业，应重点通过产业互联网实现企业设计、工艺、制造、管理、物流等环节的集成优化，推进企业数字化设计、装备智能化升级、工艺流程优化、精益生产、可视化管理、质量控制与追溯、智能物流等方面的快速提升；针对电子信息、生物医药、新材料、新能源等高新技术产业，应充分利用产业互联网的开放性和灵活性，加速技术创新和产品迭代，满足市场快速变化的需求。另一方面，通过平台实现生产计划的协同优化和资源的优化配置，提高生产效率和灵活性。平台借助先进的数字化手段逐步打破传统产业链中的信息壁垒，实现市场趋势、客户需求和行业动态等多维度信息的实时共享，为生产计划的制定和优化提供有力支持；推动行业内商品编码、交易流程、服务标准等的标准化工作，确保信息在不同系统间的无障碍流通；引入智能调度系统实时监控物流运输状态和车辆位置等信息，优化物流路线和时间，提高物流效率并降低运营成本。同时，结合物联网技术实现仓储、物流等环节的实时监控与智能调度，提高供应链效率。

2. 鼓励企业进行商业模式创新，打造新的经济增长点

一是构建开放共享的平台生态。产业互联网平台在确保信息安全的前提下可以开放应用程序接口，允许企业根据自身需求接入平台资源和服务，实现数据共享和业务流程的对接，并通过吸引产业链上下游企业、技术提供商、金融机构等加入平台，形成合作伙伴网络，共同探索新的商业模式和解决方案。

二是提供技术支持和产业链资源。平台可以为企业提供云计算、大数据、人工智能等先进技术支持，帮助企业构建智能化、数字化的商业模式；并通过定期举办技术培训和商业模式创新研讨会等方式，提升企业对产业互联网技术的理解和应用能力；充分利用平台整合产业链上下游资源，为企业提供一站式的商业模式创新解决方案。

三是加强政策宣传，并提供个性化服务。平台应及时宣传并深入研究国家和地方关于产业互联网和商业模式创新的政策导向，引导企业把握政策机遇，同时协助企业争取政府补贴、税收优惠等扶持政策，降低企业的创新成本；根据企业的具体需求和特点，帮助企业收集和分析市场数据、用户行为数据等关键信息，利用大数据和人工智能技术辅助企业进行商业模式决策和优化，提供定制化的商业模式创新服务和支持。

产业互联网平台借助上述手段，不仅能鼓励和支持企业利用产业互联网进行诸如按需制造、共享经济、平台经济等的商业模式创新，也能使平台服务功能得到创新和深化，推动平台盈利模式创新，形成新的经济增长点。

6.2.4 构建生态：构建完善的产业互联网生态体系，推动与相关产业的协调发展

1. 持续完善产业互联网生态功能体系，形成完整的产业链和价值链

基于产业互联网平台已有的资源和功能，通过明确生态体系构建目标、

搭建技术研发平台并发挥作用、持续优化生产制造环节、完善销售服务体系、构建高效物流配送体系和促进各环节协同合作，逐步完善包括技术研发、生产制造、销售服务、物流配送等各个环节的生态体系。

一是明确生态体系构建目标。生态体系构建目标是实现三级协同与三链重塑、三共生态与三流重构，即支撑企业内部、企业间、企业及用户三级协同，重塑产业链、供应链和创新链，推动中心化、去中心化和再中心化的转化；构建数据共通、资源共享和企业共生三共生态，重构数据流、信息流和资金流三流。

二是搭建技术研发平台并使其发挥作用。技术研发是生态体系的重要支撑，产业互联网平台应该是一个开放的技术研发平台，并提供研发数据分析、技术支持、资金扶持、知识产权保护等服务，吸引高校、科研机构、企业等各方力量参与技术研发和创新。

三是持续优化生产制造环节。生产制造是产业链的核心环节，产业互联网平台可以通过数字化、网络化、智能化等手段，针对不同行业的特点和需求提供个性化、定制化的解决方案，优化生产制造环节。例如，利用物联网技术对生产设备进行远程监控和智能调度，提高生产效率和产品质量；通过大数据分析市场需求和供应链动态，实现按需生产和精益生产。

四是完善销售服务体系。销售服务是企业与客户之间的桥梁，产业互联网平台可以搭建一个在线销售服务平台，提供产品展示、在线交易、客户服务等功能。这个平台可以整合线上线下资源，拓宽销售渠道，提升客户体验。同时，还可以借助先进的大数据分析工具和供应链数据，为企业提供精准的市场营销服务、融资与保险等金融服务。

五是构建高效物流配送体系。物流配送是保障产业链顺畅运行的关键环节，产业互联网平台可以与物流公司合作，构建一个高效的物流配送体系。这个体系可以实现订单处理、库存管理、运输调度等功能的集成和协同，提高物流配送的效率和准确性。同时，还可以利用物联网、大数据等技术对物流配送过程进行实时监控和优化。

六是促进各环节协同合作。在生态体系构建过程中，通过建立信息共享机制、制定协同作业流程和开展联合创新活动等方式，实现技术研发、生产制造、销售服务、物流配送等各个环节之间的协同合作，可以打破企业之间的壁垒，实现资源共享和优势互补，提升整个产业链的竞争力。

2. 构建合理的生态系统运行机制，推动产业互联网与相关产业的深度融合和协同发展

一是逐步完善信任机制。在产业互联网平台上，各参与者之间需要建立信任关系，这是生态系统稳定运行的基础。平台可以及时通过引入区块链、智能合约等先进技术，不断加强数据的真实性和交易的安全性，从而建立起参与者之间的信任机制。

二是不断优化合作共赢的商业模式。产业互联网平台应建立比较完善的合作共赢的商业模式，确保各参与者都能从平台中获得公平、公正的价值。例如，通过平台撮合交易，供应商和生产商可以获得更多的订单和市场机会；物流商可以提高运输效率和降低成本；消费者可以获得更便捷、优质的购物体验。同时，平台还可以通过提供增值服务（如金融服务、数据分析等）来获取收益，实现可持续发展。

三是加强生态系统治理。为了保障生态系统的稳定运行和健康发展，产业互联网平台需要加强生态系统治理。这包括但不限于制定平台规则、维护市场秩序、处理纠纷争议等。同时，平台还应鼓励创新与合作，为参与者提供更多的发展机会和空间。

6.2.5 国际化拓展：加强与国际市场的联系与合作，提升我国产业互联网的国际竞争力

1. 鼓励和支持企业走出国门，参与国际市场竞争，拓展海外市场

一是提供国际化战略咨询与金融服务。首先，在国际化战略咨询服务方面，利用大数据和人工智能技术，产业互联网平台可以为企业提供目标市场的深入研究和分析，包括市场规模、竞争态势、消费者行为等，帮助

企业制定精准的国际化战略,并为企业提供国际市场的政策与法规咨询,帮助企业了解并适应不同国家和地区的法律环境,降低合规风险;其次,在金融服务方面,产业互联网平台可以与银行、投资机构等合作,为企业提供融资服务,解决企业在国际化过程中的资金问题,同时利用金融工具和风险管理策略,帮助企业规避汇率风险、信用风险等,保障企业在国际市场的稳健运营。

二是帮助提升企业国际化软实力。首先,产业互联网平台提高了全球供应链效率,能增强企业在目的国市场的竞争力。一方面,通过产业互联网平台,整合全球供应链资源,为企业提供从采购、生产、物流到销售的全链条服务,提高供应链效率;另一方面,在目标市场建立海外仓,缩短配送时间,提升客户体验,同时还可以作为展示和销售的窗口,增强企业在当地市场的竞争力。其次,产业互联网平台可以为企业提供品牌国际化建设与营销推广服务,提升企业在国际市场的知名度。协助企业进行品牌国际化建设,包括品牌定位、形象设计、传播策略等,并利用社交媒体、搜索引擎优化(Search Engine Optimization,SEO)、内容营销等数字营销手段,精准触达目标消费者,提升企业在国际市场的知名度和美誉度。最后,产业互联网平台建立国际化运营体系,将有助于企业国际竞争力的提升。通过加强国际化人才的培养和引进,打造一支具有全球视野和跨文化沟通能力的人才队伍,使其能更深入地了解目标市场的特点和需求,打造更适宜的本地化运营模式,包括产品定制、服务优化等,从而有效提升企业在当地市场的竞争力。

2. 加强与国际先进企业在技术、标准、市场等方面的合作与交流,共同推动全球产业互联网的发展

一是积极促进技术合作与创新。产业互联网平台应积极主导或参与建立跨国技术联盟,与国际先进企业、科研机构及高校建立长期稳定的合作关系,共同开展前沿技术研究和应用开发,如人工智能、大数据、云计算等;并且通过设立国际合作基金、技术转移中心等方式,促进国际间技术转移和成果商业化,加速技术成果的全球应用;具备条件的平台还可以积极参与和推动国际开源生态建设，鼓励平台和企业分享技术代码、工具和解决方案，降低技术门槛，加速全球产业互联网的发展。

二是主动参与并推动标准协同与制定。积极加入国际标准化组织，参与产业互联网相关国际标准的制定和修订，推动标准的全球统一和互认；加强与国际标准组织的沟通，确保平台技术和解决方案符合国际标准，并增强系统的互操作性和兼容性；通过举办国际研讨会、培训班等活动，加强国际标准的宣传和推广，提高全球企业对标准的认知和应用。

三是稳步推进市场拓展与国际化。利用平台资源，帮助企业开拓国际市场，提供市场调研、法律咨询、渠道拓展等一站式服务；积极参与和推动跨国合作项目，如智慧城市、智能制造等领域的国际合作，共同开发全球市场；加强平台及所服务企业的品牌国际化建设，通过国际展会、媒体宣传等方式，提升品牌的全球知名度和影响力。

四是强化合规管理与知识产权保护。一方面，要确保平台及所服务企业的业务活动符合国际法律法规要求，加强合规管理和风险控制；另一方面，要加大知识产权保护力度，推动国际知识产权的合理使用和共享，为产业互联网的创新发展提供法律保障。

第7章 制造业转型升级导向下促进我国产业互联网发展的保障措施

7.1 保障产业互联网发展的要素供给

7.1.1 合理布局产业互联网基础设施

1. 统筹规划骨干网络设施

基础电信企业要加强全国省际干线光缆网络规划建设统筹，共建重要路由光缆，增加重要节点通达方向，扩大新型高性能光缆的应用；制定国际通信设施中长期规划，在东中西部地区均衡布局国际通信出入口局，加快扩展国际海底光缆（简称海缆）、陆地光缆（简称陆缆）信息通道方向；与交通、能源等相关企业协同规划和建设国际陆缆、国际铁路、国际油气管道等跨境基础设施。

2. 优化布局算力基础设施

各地要实施差异化能耗、用地等政策，引导面向全国、区域提供服务的大型及超大型数据中心、智能计算中心、超算中心在枢纽节点部署；支持数据中心集群与新能源基地协同建设，推动算力基础设施与能源、水资源协调发展；加强本地数据中心规划，合理布局区域性枢纽节点，逐步提升智能算力占比。鼓励企业发展算力云服务，探索建设全国或区域服务平台；基础电信企业网络组织可合理突破行政区划限制，推动区域内骨干节点向全互联组网发展。中心城市与周边地区要协同布局算力设施，按需开展数据中心跨省直连和算力资源调度。

3. 深化基础设施跨行业共建共享

完善跨行业协调机制，建立跨行业共建共享需求清单；推动通信、市政、交通、电力、公安等领域的杆塔、管道、光缆、机房等资源双向开放；新建地铁、隧道、桥梁等场景要提前规划和预留通信设施布放空间，并提供电力保障。

4. 推动区域间均衡协调发展

东部发达地区先行先试，探索5G-A（5G增强）、人工智能等建设和应用新模式；中西部地区和东北地区加快千兆城市建设，实现5G、千兆光网均衡发展；西部地区在综合成本优势明显地区合理布局重大算力设施，探索建设超大型人工智能训练算力设施。沿边省份可以利用对外合作机制，打造具有区位优势的国际信息枢纽；东北地区老工业基地加快"5G+工业互联网"等设施建设。

7.1.2 加强产业互联网专业人才培养、引进

1. 加强专业人才培养

一是推动教育体系改革。鼓励高校和职业院校紧密结合产业互联网的需求，调整和优化相关学科专业设置，如增设工业互联网、智能制造、大数据管理等新专业；加强对产业互联网专业教师的培养与引进，提高教师的实践能力和行业经验。

二是完善实践教学环节与深化产教融合。鼓励高校和职业院校与企业合

作,建立产业互联网实训基地,提供学生实习和实践机会,提高学生的实际操作能力;支持开展产业互联网相关的职业技能竞赛和项目实践,以赛促学、以赛促训,选拔和培养优秀人才;支持地方高校和职业院校与产业互联网企业合作,共同设计课程和培训项目,提高人才培养的针对性和实效性。

三是加强产学研合作。建立产业互联网人才培养的产学研合作机制,促进企业、高校和科研机构之间的紧密合作,共同设计课程和培训项目,提高人才培养的质量和实效;鼓励企业参与高校和职业院校的人才培养过程,提供实习实训岗位和就业机会,培养符合企业需求的复合型人才。

四是制定奖励政策和地方性人才培养政策。设立奖学金、助学金等激励措施,吸引更多优秀的学生到产业互联网领域从事学习与创新;对在产业互联网领域取得突出成果的人才给予表彰和奖励,激发人才的积极性和创造力;鼓励各地政府根据本地产业互联网发展的实际情况,制定具体的人才培养政策,如设立专项基金支持人才培养、提供免费培训等。

2. 优化人才引进政策

一是加大外籍高端人才引进力度。简化外籍人才办理入境手续,为有意愿到中国从事产业互联网行业的外籍人才提供便利;给引进的产业互联网人才提供一定的户口、居住和就业支持,解决其后顾之忧;为引进的产业互联网人才提供创业支持,包括资金、场地、税收等方面的优惠政策;制定激励政策,提高产业互联网人才的薪酬待遇和职业发展空间,吸引更多高端人才来到中国。

二是制定具有地方特色的人才引进政策。各地方政府对在本地从事产业互联网行业的优秀人才给予住房补贴、子女入学等优惠政策,吸引人才落户本地;设立人才创业基金,为有创业意愿的产业互联网人才提供资金支持和政策扶持;积极推动本地企业与国内外知名高校和科研机构建立合作关系、与外地或国外企业开展人才交流和合作,引进高端产业互联网人才和先进技术。

7.1.3　加大资金与金融政策支持力度

1. 加大财政投入

一是制定财政补贴政策。政府可以对符合条件的产业互联网企业提供财政补贴，特别是那些在技术创新、模式创新、服务实体经济等方面表现突出的企业，给予定向财政补贴，补贴可以用于企业的研发、运营、市场推广等方面，降低企业成本，增强竞争力。可以对产业互联网企业的所得税、增值税等给予一定期限的减免或优惠，减轻企业税负，增加企业盈利空间，鼓励企业加大投入。

二是设立政府投资基金。政府可以设立专项投资基金，重点支持产业互联网领域的发展，基金可以通过股权投资、债权投资等方式，为产业互联网企业提供资金支持。同时，政府投资基金也可以发挥引导作用，吸引社会资本共同参与产业互联网投资，形成多元化的投资格局。

2. 拓宽融资渠道

一是拓宽融资渠道，降低融资门槛。首先，政府可以出台政策，鼓励风险投资和私募股权投资机构加大对产业互联网企业的投资力度，为产业互联网企业提供更多的资金支持。其次，优化企业上市流程，降低上市门槛，鼓励符合条件的产业互联网企业通过上市融资的方式筹集资金。最后，推动供应链金融在产业互联网领域的应用，支持核心企业为上下游企业提供融资支持，降低融资成本，提升产业链整体融资能力。

二是加强金融创新和合作，提升服务质效。政府可以鼓励金融机构针对产业互联网企业的特点，创新金融产品和服务，如开展应收账款融资、订单融资等，满足企业多样化的融资需求。同时，推动产业与金融深度融合，支持金融机构与产业互联网企业建立长期稳定的合作关系，共同推动产业互联网发展。

7.1.4 促进数据要素市场化配置改革

1. 建立健全数据基础制度

一是完善数据所有权、使用权等产权制度，为数据交易提供法律基础。出台专门的数据产权法或相关条例，明确数据的产权归属、权利内容、权利行使方式等。同时，建立数据产权登记制度，要求数据生产者、处理者等主体对其拥有的数据进行登记，以便明确数据的产权归属和权利范围。

二是建立数据流通交易机制，推动数据在合法合规的前提下自由流动。制定数据流通交易规则，明确数据在流通交易过程中的权利转移、使用限制、责任承担等问题。例如，规定数据交易双方的权利和义务，确保数据在合法合规的前提下进行流通和交易。建立数据分类分级制度，根据数据的重要性、敏感程度等因素，对数据进行分类分级管理，对不同级别的数据采取不同的保护措施和交易规则。

三是健全收益分配机制，确保数据提供者、处理者、使用者等各方能够公平合理地分享数据带来的收益。出台专门的数据权益保护法规，保护数据权利人的合法权益。例如，规定数据权利人对数据享有控制、处理、收益等权利，禁止未经授权的数据使用、复制、传播等行为。并且，建立健全数据产权的诉讼保护和行政保护机制，为数据权利人提供有效的法律救济途径。例如，明确数据侵权行为的法律责任和处罚措施，加强数据产权纠纷的调解和仲裁工作。

四是加强数据安全治理，建立健全数据安全保护机制，防范数据泄露、滥用等风险。进一步完善《数据安全法》等相关法律法规，明确数据安全的标准、要求、措施和责任等。例如，规定数据收集、存储、使用、加工、传输、提供、公开等各个环节的安全要求，确保数据在全生命周期内得到妥善保护。积极制定数据跨境流动规则，明确数据向境外流动的条件、程序、监管措施等，防止数据泄露和滥用。

2. 强化政策支持与引导

一是提供税收优惠支持。通过对从事数据收集、处理、分析、交易等业务的企业，给予一定期限内的税收减免优惠政策、研发费用加计扣除政策、一定比例的税收返还奖励等，使企业获得税收政策支持。

二是加大财政政策支持力度。对从事数据基础设施建设、数据技术创新、数据产品开发等方面的企业或项目，给予财政补贴支持；政府优先采购符合条件的数据产品或服务，为数据要素市场化配置改革提供市场需求支持；设立数据要素市场化配置改革专项基金，用于支持数据技术研发、数据产品创新、数据人才培养等方面的项目。

三是提供金融服务支持。对从事数据要素市场化配置改革的企业，给予优惠的贷款利率、贷款期限等金融支持；支持数据企业通过股权融资、债券融资、资产证券化等多种方式筹集资金；鼓励金融机构为数据企业提供创新金融服务，如供应链金融、知识产权质押融资等。

四是提供用地保障。对与数据要素市场化配置改革相关的重大项目或企业，在用地方面给予优先保障和优惠支持。例如，对建设大型数据中心等项目，优先安排用地指标，并给予一定的土地出让金减免优惠。

7.1.5 完善产业融合与协同发展政策

1. 不断破除行业壁垒

一是优化市场准入机制。首先，简化审批流程，减少不必要的行政审批事项，降低企业进入市场的门槛。其次，实施负面清单管理，明确列出禁止或限制投资的领域，清单之外的行业和领域则充分开放，鼓励企业自由进入。同时，推进"证照分离"改革，将经营许可与营业执照分离，企业取得营业执照后即可开展一般经营活动，对需要许可的特殊经营活动，只需在领取营业执照后办理相关许可证件。

二是加大监管与执法力度。首先，加强反垄断执法。明确界定垄断行为,严厉打击垄断协议、滥用市场支配地位等垄断行为,防止行业巨头通过市场支配地位阻碍新企业进入或限制竞争,维护公平竞争的市场秩序。其次,强化行业监管。清理和废除妨碍统一市场和公平竞争的各种规定和做法,确保各类所有制企业能够平等参与市场竞争,加大对重点行业和领域的监管力度,防止行业壁垒的形成和加剧。

三是支持企业间战略合作与融合发展。出台鼓励政策,对开展战略合作与融合发展的企业给予税收减免、资金补贴等政策支持。同时,推动产业链上下游整合,鼓励产业链上下游企业之间的兼并重组和战略合作,提高产业集中度和竞争力。

2. 逐步规范市场秩序

一是加强行业自律与公平竞争监管。推动行业协会发展,支持行业协会加强自身建设,发挥其在行业自律、标准制定、信息交流等方面的作用。推动出台公平竞争审查抽查、举报处理等配套制度,加大对仿冒混淆、虚假宣传、商业贿赂等不正当竞争行为的监管和处罚力度,确保各类所有制企业能够平等参与市场竞争。建立跨部门监管协作机制,形成监管合力,提高监管效能。

二是强化知识产权保护。完善知识产权保护法律,加大对侵犯知识产权行为的处罚力度,提高违法成本。建立快速维权机制,为企业提供便捷、高效的维权渠道,降低维权成本。推动知识产权交易,搭建知识产权交易平台,促进知识产权的转让和许可使用。

三是推动市场信息公开与信用体系建设。建立信息披露与信息共享机制,确保企业及时、准确、完整地披露相关信息,并推动政府、企业和社会之间的信息共享与开放,在打破"信息孤岛"的同时,提高市场透明度。完善企业信用信息公示系统和守信激励机制,以确保及时、准确、完整地公示企业信用信息,为社会公众提供便捷的查询服务,同时能对守信企业及时给予政策支持和优惠待遇,对失信企业及时实施联合惩戒措施。

7.2 构筑产业互联网可持续发展的产业生态环境

7.2.1 加强数据安全与隐私保护

1. 完善法律法规体系

一是制定或修订相关法律。修订如《数据安全法》《个人信息保护法》等,明确数据收集、存储、使用、处理、传输、共享和销毁等各个环节的安全要求和隐私保护标准。这些法律应与国际接轨,如欧盟的《通用数据保护条例》(General Data Protection Regulation,GDPR)。

二是细化实施条例和细则。进一步细化和补充如《网络数据安全管理条例》等,确保法律法规的可操作性和执行力。

三是制定跨境流动规则。明确数据跨境流动的条件、程序和监管要求,确保数据跨境流动的安全性和合规性。

2. 加强监管与执法力度

一是建立健全监管机制。明确各部门在数据安全与隐私保护方面的监管职责,如国家网信部门负责统筹协调网络数据安全和相关监管工作,公安机关、国家安全机关等依法承担网络数据安全监管职责。

二是加大执法力度。对违法处理数据、侵犯隐私的行为进行严厉打击,提高违法成本,形成有效的震慑。

三是加强跨境数据流动监管。对涉及数据跨境流动的活动进行严格监管,防止数据泄露和滥用。

3. 推动技术创新与应用

一是鼓励技术研发。支持数据加密、访问控制、身份认证、零信任安全等关键技术的研发和应用，提升数据安全防护能力。

二是推广先进技术和产品。如区块链、人工智能等技术在数据安全与隐私保护方面的应用，鼓励企业采用先进技术和产品提升数据安全水平。

4. 提升公众意识与教育

一是加强宣传教育。通过媒体、网络等渠道普及数据安全与隐私保护知识，提高公众的安全意识和防范能力。

二是开展专门培训。对企业、政府机构等进行数据安全与隐私保护培训，提高其数据安全管理水平和能力。

7.2.2 推动开放合作与国际交流

1. 建立合作机制

一是推动政策协调与标准制定。政府间应建立定期对话机制，就产业互联网发展的政策导向、监管环境等进行协调，确保各国政策的一致性和互操作性。在产业互联网的标准框架上开展合作研究，推动形成国际统一的标准规范，降低跨国合作的技术门槛和成本。同时，积极参与国际规则和标准制定，推动形成有利于产业互联网发展的国际规则体系，提升我国在国际产业互联网领域的话语权和影响力。

二是鼓励技术创新与合作研发。支持国内外企业在产业互联网关键技术领域开展合作研发，共同攻克技术难题，推动技术创新和产业升级。同时，完善知识产权法律法规体系，加大知识产权保护力度，为产业互联网的创新成果提供有力保障。此外，依托高校、科研机构和企业，建立国际合作研发平台，促进技术、人才和资源的共享与交流。

三是构建开放共享的产业生态与国际合作平台。建立人才国际交流机制，鼓励国内外人才在产业互联网领域开展合作研究、学术交流等活动，促进人才资源的优化配置和共享。依托行业协会、展会、论坛等平台，加强与国际产业界的交流合作，推动产业互联网的国际化发展。推动产业界、学术界、政府等多方合作，构建开放共享的产业互联网生态体系，促进产业协同发展。

2. 推动项目合作

一是优化国际合作环境。通过简化审批流程、提高审批效率，为产业互联网企业参与跨国合作项目提供便利。例如，建立一站式审批服务平台，实现项目审批的在线化、透明化。同时，政府应积极参与和推动国际合作平台建设，为产业互联网企业搭建跨国合作的桥梁。这些平台可以包括展会、论坛、研讨会等，旨在促进国内外企业之间的交流与合作。

二是提供政策支持和保障。首先，为参与跨国合作项目的产业互联网企业提供财政补贴和税收优惠政策，降低企业运营成本，提高企业参与跨国合作的积极性。例如，对企业在海外市场的研发投入、市场开拓费用等给予一定比例的补贴或税收减免。其次，鼓励金融机构为产业互联网企业参与跨国合作项目提供融资支持，包括贷款、担保、风险投资等多种方式。同时，政府可以设立专项基金，为符合条件的跨国合作项目提供资金支持。最后，加大知识产权保护力度，为产业互联网企业在跨国合作中的技术创新和知识产权保护提供有力保障。建立健全知识产权保护机制，严厉打击侵权行为，维护企业合法权益。

三是降低企业跨国合作的风险和成本。一方面，建立跨国合作项目风险预警机制，为企业提供及时的风险信息和应对策略。通过收集和分析国际政治、经济、法律等方面的信息，帮助企业识别潜在风险并提前作好准备。另一方面，建立跨国合作项目信息共享平台，促进国内外企业之间的信息共享和资源整合。通过平台发布项目信息、市场需求、政策法规等内容，帮助企业更好地把握市场机遇和合作机会。

四是加强国际合作与交流。积极拓展国际合作渠道，与更多国家和地区建立产业互联网领域的合作关系，通过签署合作协议、建立合作机制等方式，为产业互联网企业参与跨国合作项目提供更多机会和平台。同时，加强与国际组织、标准机构的合作与交流，推动产业互联网领域的标准互认与法规协调，通过参与国际标准制定和加强法规协调等方式，降低企业在跨国合作中的技术壁垒和法律风险。

7.2.3 强化绿色发展与社会责任

1. 推动企业绿色低碳发展

一是优化激励措施。加快制定和完善产业互联网应用中节能减排和环境保护的相关标准,对符合节能减排和环境保护要求的企业和产品,给予市场准入优先权。例如,在政府采购、招投标等活动中,优先考虑符合环保标准的企业和产品。对符合节能减排和环境保护要求的企业,可以实施直接补贴、税收减免或优惠、融资支持、信贷优惠等奖励政策;对实施节能减排和环境保护的企业提供技术支持,对取得重大科研成果或实现显著节能减排效果的企业,给予额外的研发奖励或补贴。

二是加强监管与执法。建立健全监管机制,对企业进行定期检查和评估,加大对产业互联网应用中节能减排和环境保护的监管力度,确保其符合环保要求。对违反节能减排和环境保护要求的企业,依法进行严厉处罚,并通过加大执法力度,形成有效的震慑作用,促使企业自觉遵守环保法规。

三是加大宣传与引导力度。通过媒体、网络等多种渠道,加大对产业互联网应用中节能减排和环境保护的宣传力度,提高公众对环保的认识和参与度,形成良好的社会氛围。通过政策引导,鼓励企业积极参与节能减排和环境保护活动。例如,设立节能减排示范企业、举办环保创新大赛等,以激发企业的积极性和创造性。

2. 强化企业社会责任

一是鼓励企业积极参与社会公益事业。对积极参与社会公益事业、履行社会责任的企业给予税收减免政策。例如,对企业的捐赠行为给予所得税税前扣除等优惠。同时,政府可以设立公益慈善奖励机制,对在公益慈善领域做出突出贡献的企业给予表彰和奖励,提升企业的社会形象和品牌价值。此外,政府可以提供平台和支持,鼓励企业与公益组织建立合作关系,共同开展公益项目和社会服务。

二是督促企业履行社会责任。一方面，建立完善的企业社会责任评价体系，对企业的社会责任表现进行全面评估，评估结果可以作为政府采购、招投标等活动的重要参考依据；并通过媒体、网络等多种渠道加强对企业社会责任的宣传和教育，对履行社会责任的先进企业进行广泛宣传和推广。另一方面，加大对企业社会责任的监管和执法力度，对违反社会责任要求的企业进行处罚，同时，建立企业社会责任信用体系，对失信企业进行联合惩戒。此外，鼓励企业在创新发展的同时，将社会责任融入企业战略和经营管理中，力争通过创新产品和服务、优化生产流程等方式，实现经济效益和社会效益的双赢。

参考文献

安礼伟,蒋元明,2020.长三角区域规划与先进制造业企业全要素生产率——基于PSMDID模型的经验研究[J].产业经济研究(4):45-60.

卜洪运,郭雯,2023.产业集聚、产业融合对提升先进制造业产业绩效的影响——以京津冀城市群为例[J].科技和产业,23(5):194-201.

陈春明,麻艳林,陈佳馨,2023.先进制造业与科技服务业协同集聚对区域创新效率的影响[J].经济纵横(4):90-98.

陈慧,谷小科,2022.生产组织平台化提高了企业价值创造吗?——基于中国制造业上市企业的实证[J].企业经济,41(7):105-114.

陈剑锋,唐振鹏,2002.国外产业集群研究综述[J].外国经济与管理(8):22-27.

陈少凌,周开国,杨海生,等,2024.分析师利空关注与公司投资效率:"萝卜"加"大棒"[J].金融研究(1).

陈文涛,罗震东,2020.互联网时代的产业分工与集聚——基于淘宝村与专业市场互动机制的空间经济学分析[J].南京大学学报(哲学·人文科学·社会科学),57(2):65-78,158-159.

陈小勇,2017.产业集群的虚拟转型[J].中国工业经济(12):78-94.

邓峰,李征帛,朱俏俏,2023.数字化平台消费与制造业企业提质增效[J].商业经济与管理(8):49-70.

杜传忠,金华旺,2021.制造业产融结合、资本配置效率与企业全要素生产率[J].经济与管理研究,42(2):28-40.

杜华勇,王节祥,李其原,2021.产业互联网平台价值共创机理——基于宏图智能物流的案例研究[J].商业经济与管理(3):5-18.

段玉婷,王玉荣,卓苏凡,2021.产业互联网下企业创新"竞合"网络与创新绩效[J].技术经济(8):51-62.

韩民春,袁瀚坤,2020.生产性服务业与制造业融合对制造业升级的影响研究——基于跨国面板的分析[J].经济问题探索(12):150-161.

何大安,任晓,2018.互联网时代资源配置机制演变及展望[J].经济学家(10):63-71.

黄先海,高亚兴,2023.数实产业技术融合与企业全要素生产率——基于中国企业专利信息的研究[J].中国工业经济(11):118-136.

黄雪,沈灏,王栋晗,2023.产业互联网平台场景如何驱动商业生态系统创新——基于汇通达的纵向案例研究[J].科技进步与对策,40(24):10-19.

江艇,2022.因果推断经验研究中的中介效应与调节效应[J].中国工业经济(5):100-120.

杰里米·里夫金,2014.零边际成本社会[M].赛迪研究院专家组,译.北京:中信出版社.

金帆,2014.价值生态系统:云经济时代的价值创造机制[J].中国工业经济(4):97-109.

克里斯·安德森,2015.创客:新工业革命[M].萧潇,译.北京:中信出版社.

雷淑琴,2011.基于期权理论的实物期权价值分析[J].财会通讯(6):95-97.

李春发,李冬冬,周驰,2020.数字经济驱动制造业转型升级的作用机理——基于产业链视角的分析[J].商业研究(2):73-82.

李建军,彭俞超,马思超,2020.普惠金融与中国经济发展:多维度内涵与实证分析[J].经济研究,55(4):37-52.

李蕾,翟萌萌,张天立,2022.制造业产业内升级对经济高质量增长的影响——基于产业融合调节视角[J].统计理论与实践(4):41-49.

李青原,章尹赛楠,2021.金融开放与资源配置效率——来自外资银行进入中国的证据[J].中国工业经济(5):95-113.

李帅娜,林婷,2023.数字化转型、专业化分工与服务业企业生产率——破解"生产率悖论"之谜[J].财贸研究,34(8):26-37.

李小忠,2021.数字经济发展与企业价值提升——基于生命周期理论的视角[J].经济问题(3):116-121.

连玉君,廖俊平,2017.如何检验分组回归后的组间系数差异？[J].郑州航空工业管理学院学报,35(6):97-109.

连玉君,彭方平,苏治,2010.融资约束与流动性管理行为[J].金融研究(10):158-171.

刘志彪,张杰,2009.从融入全球价值链到构建国家价值链:中国产业升级的战略思考[J].学术月刊(9):59-68.

卢福财,陈慧,2023.工业互联网、企业成长性与价值创造[J].经济管理,45(1):5-24.

罗珉,李亮宇,2015.互联网时代的商业模式创新:价值创造视角[J].中国工业经济(1):95-107.

吕杰,刘传明,2023.平台经济发展水平的地区差异及其分布动态演进[J].统计与决策,39(3):116-120.

马永开,李仕明,潘景铭,2020.工业互联网之价值共创模式[J].管理世界,36(8):211-222.

毛其淋,王凯璇,2023.互联网发展如何优化企业资源配置——基于企业库存调整的视角[J].中国工业经济(8):137-154.

孟卫军,焦泽山,邢青松,2022.数字赋能制造企业创新效率提升——来自A股上市公司的经验证据[J].西安理工大学学报,38(2):212-222.

浦正宁,张驰,黄薪宇,2022.电子商务平台对中国制造业企业出口的影响研究[J].东南大学学报(哲学社会科学版),24(5):45-58,146-147.

齐秀辉,孙政凌,权飞,2021.国际化经营企业社会责任、研发投入与财务绩效[J].会计之友(5):107-112.

青木昌彦,安藤晴彦,2003.模块时代:新产业结构的本质[M].周国荣,译.上海:上海远东出版社.

任保平,巩羽浩,2024.数字经济与新型工业化深度融合发展研究[J].亚太经济(2):1-8.

任保平,朱晓萌,2020.中国经济从消费互联网时代向产业互联网时代的转型[J].上海经济研究(7):15-22.

石璋铭,杜琳,2022.工业互联网平台对产业融合影响的实证研究[J].科技进步与对策,39(19):59-68.

宋华,2018.基于产业互联网的现代供应链及其创新路径[J].中国流通经济,32(3):10-15.

孙磊华,何海燕,常晓涵,等,2024.技术环境不确定性对企业创新的影响机理——基于实物期权理论框架的实证研究[J].软科学,38(7):1-6.

汤桐,马春爱,吕桁宇,等,2024.制造业企业资源结构对转型升级影响的实证检验[J].统计与决策,40(6):167-171.

唐·泰普斯科特,阿特·卡斯顿,1999.范式的转变:信息技术的前景[M].米克斯,译.大连:东北财经大学出版社.

唐国锋,李丹,2020.工业互联网背景下制造业服务化价值创造体系重构研究[J].经济纵横(8):61-68.

陶娟,2016.康敬伟构筑制造业B2B超级平台[J].新财富(1):26-43.

田霖,韩岩博,2021.虚拟集聚理论与应用研究评介[J].重庆大学学报(社会科学版),27(1):77-90.

田敏,张闯,斯浩伦,2024.B2B电商平台:研究现状、分析框架与未来研究方向[J].管理现代化,44(3):181-193.

王成东,李安琦,蔡渊渊,2022.产业融合与产业全球价值链位势攀升——基于中国高端装备制造业与生产性服务业融合的实证研究[J].软科学,36(5):9-14.

王广生,2022.金融科技企业价值影响因素研究——基于沪深上市公司的模糊集定性比较分析[J].金融发展研究(5):59-63.

王建伟,2018.赢在平台:解锁工业互联网的动力密码[M].北京:人民邮电出版社.

王剑男,李昊巍,金圆,2023.工业互联网平台对产业融合影响的实证分析[J].数字通信世界(1):93-95.

王进猛,沈志渔,2010.外资进入方式对交易成本的影响:实证检验及政策建议[J].中国工业经济(7):66-73.

王如玉,梁琦,李广乾,2018.虚拟集聚:新一代信息技术与实体经济深度融合的空间组织新形态[J].管理世界,34(2):13-21.

王树祥,张明玉,郭琦,2014.价值网络演变与企业网络结构升级[J].中国工业经济(3):93-106.

参考文献

王玉荣,葛新红,2021.产业互联网:全产业链的数字化转型升级[M].北京:清华大学出版社.

王昱,全捷,李良玉,等,2024.制造企业数字化转型能否助推研发投入跳跃?——基于非参数分位数面板的实证研究[J].科技进步与对策,41(8):33-43.

王贞洁,吕志军,2023.经济政策不确定性与企业资本配置效率——基于三重作用机制和政策协同效应的研究[J].现代经济探讨(3):77-87.

温忠麟,叶宝娟,2014.中介效应分析:方法和模型发展[J].心理科学进展,22(5):731-745.

吴秋明,李运强,2008.虚拟产业集群的管理创新[J].经济管理(3):11-15.

吴义爽,盛亚,蔡宁,2016.基于互联网+的大规模智能定制研究——青岛红领服饰与佛山维尚家具案例[J].中国工业经济(4):127-143.

向国成,李真子,2016.实现经济的高质量稳定发展:基于新兴古典经济学视角[J].社会科学(7):57-63.

熊磊,文泽宙,肖俊夫,2023.分工视角下交易效率对农村产业融合发展的影响[J].重庆大学学报(社会科学版),29(3):61-76.

尹国俊,徐凯,2021.基于模糊实物期权的众创空间价值评估研究——以创业黑马为例[J].科技管理研究,41(14):65-72.

于立,2020.互联网经济学与竞争政策[M].北京:商务印书馆.

余菲菲,曹佳玉,杜红艳,2022.数字化悖论:企业数字化对创新绩效的双刃剑效应[J].研究与发展管理,34(2):1-12.

袁淳,肖土盛,耿春晓,等,2021.数字化转型与企业分工:专业化还是纵向一体化[J].中国工业经济(9):137-155.

曾江洪,杨锦波,黄向荣,2023.制造业企业专业化分工影响企业创新机制探究——基于数字化转型调节作用的实证检验[J].中央财经大学学报(9):95-105,116.

曾世宏,刘迎娣,2020.互联网技术、交易效率与服务业发展——兼论服务消费对高质量发展的基础性作用[J].产经评论,11(3):16-31.

张鹏杨,刘维刚,唐宜红,2023.贸易摩擦下企业出口韧性提升:数字化转型的作用[J].中国工业经济(5):155-173.

郑征,2020.机构投资者:利益侵占者或命运共同体?——基于新三板做市转让企业实物期权价值的研究[J].证券市场导报(8):31-39.

植草益,2001.信息通讯业的产业融合[J].中国工业经济(2):24-27.

周超,苏冬蔚,2019.产能过剩背景下跨国经营的实物期权价值[J].经济研究,54(1):20-35.

周振华,2003.信息化与产业融合[M].上海:上海人民出版社.

朱华友,陶姝沅,2015.产业集群"虚拟—实体"价值链的协同发展研究——浙江诸暨珍珠产业集群的实证[J].科技管理研究,35(19):180-185.

ALEXANDER B,TATIANA K,SVETLANA U,2013. Formation of industrial clusters using method of virtual enterprises [J]. Procedia economics and finance,(5):68-72.

ALSTYNE M,PARKER G,CHOUDARY S,2016. Pipelines,platforms,and the new rules of strategy[J]. Harvard business review,(4):54-60.

BARON R M,KENNY D A,1986,The moderator-mediator variable distinction in social psychological research:Conceptual,strategic,and statistical considerationsl[J]. Journal of personality and social psychology,51(6):1173.

BERNARD A B,MOXNES A,SAITO Y U,2019. production networks,geography,and firm performance[J]. Journal of political economy,127(2):639-688.

BROWN D H,LOCKETT N J,2001. Emerging SMEs in E-commerce:The role of intermediaries within E-cluster[J]. Electronic markets,11(1):52-58.

CALLAWAY B ,ANNA S,2021. Difference-in-Differences with multiple time periods[J]. Journal of econometrics,225(2):200-230.

CHRISTOFZIK D I,KESSING S G,2018. Does fiscal oversight matter? [J]. Journal of urban economics,105:70-87.

FORTUNE A,MITCHELL W,2012. Unpacking firm exit at the firm and industry levels:The adaptation and selection of firm capabilities[J]. Strategic management journal,33(7):794-819.

GEREFFI G,HUMPHREY J,STURGEON T,2005. The governance of global value chain[J]. Review of international political economy,12(1):78-104.

GEREFFI G, LEE J, 2016. Economic and social upgrading in global value chains and industrial clusters: Why governance matters[J]. Journal of business ethics, 133(1): 25-38.

GREENSTEIN S, KHANNA T, 1997. What does industry mean? [M]//YOFFIE D B. Competing in the age of digital convergence. Harvard: The President and Fellows of Harvard Press.

HUMPHREY J, SCHMITZ H, 2002. How does insertion in global value chain affect upgrading in industrial clusters? [J]. Regional studies, 36: 1017-1027.

HUMPHREY J, SCHMITZ H, 2004. Chain governance and upgrading: Taking Stock[M]//SCHMITZ H. Local enterprises in the global economy issues of governance and upgrading. Cheltenham: Elgar.

JACOBIDES M, ICHAEL G, CENNAMO C, et al., 2018. Towards a theory of ecosystems[J]. Strategic management journal, 39(8): 2255-2276.

JOHNSON S, LA PORTA R, LOPEZ-DE-SILANES F, et al., 2000. Tunneling [J]. American economic review, 90(2): 22-27.

KAPLINSKY R, FAROOKI M, 2011. How China disrupted global commodities: The reshaping of the world's resource sector[M]. London: Routledge.

MASON C, CASTLEMAN T, PARKER C, 2008. Communities of enterprise: Developing regional SMES in the knowledge economy[J]. Journal of enterprise information management, 21(6): 571-584.

MENON K, KRKKINEN H, WUEST T, 2020. Industrial internet platform provider and enduser perceptions of platform openness impacts[J]. Industry and Innovation, 27(4): 363-389.

MYERS S C, 1997. Determinants of corporate borrowing [J]. Journal of financial economics, 12: 147-175.

NUNN N, WANTCHEKON L, 2011. The slave trade and the origins of mistrust in Africa. [J]. The American economic review(7): 3221-3252.

PORTER M E, 1990. Competitive advantage of nations[M]. New York: The Free Press.

PORTER M E, HEPPELMANN J E, 2014. How smart, connected products are transforming competition[J]. Harvard business review, 92(11):64-88.

RAYPORT J F, SVIOKLA J J, 1995. Exploiting the virtual value chain[J]. Harvard business review, (11-12).

WARNER K R, MAXIMILIAN W, 2018. Building dynamic capabilities for digital transformation: An ongoing process of strategic renewal[J]. Long range planning, 52 (3): 326-349.

YOFFIE D B, 1997. Competing in the age of digital convergence[M]. Harvard: The President and Fellows of Harvard Press.

ZHOU X, 2022. Semiparametric estimation for causal mediation analysis with multiple causally ordered mediators[J]. Journal of the royal statistical society series B: Statistical methodology, 84(3): 794~821.

ZHOU X, YAMAMOTO T, 2023. Tracing causal paths from experimental and observational data[J]. The journal of politics, 85(1): 250-265.

后 记

随着本书的撰写接近尾声,我们深感这一研究领域的广阔与深邃。从产业互联网的历史演进到现状分析,从其对制造业转型升级的作用机制到实证效应研究,再到制约因素与发展路径的探讨,每一步都充满了挑战与收获。

第一,在本书构思及撰写过程中,我们深刻体会到产业互联网作为新一代信息技术与制造业深度融合的产物,对于推动制造业的转型升级具有不可估量的价值。因此,本书尽可能尝试从理论机制、作用效应检验、典型案例分析等方面着手,探寻我国产业互联网发展对制造业转型升级的作用,研究发现它主要是通过提升制造业企业的资源配置效率与市场竞争力、推动制造业的智能化升级、促进产业生态系统的协同优化等渠道带动制造业转型升级的。然而,当前我国产业互联网发展还受到了诸多制约因素的限制,导致这些渠道作用的发挥并不充分。这些制约因素包括:基础设施的不完善、数字化与协调发展的不足及产业发展环境有待改善等。针对这些制约因素,本书提出了制造业转型升级导向下促进我国产业互联网发展的路径设计与保障措施。这些建议旨在通过夯实基础、搭建平台、深化应用、构建生态及国际化拓展等途径,推动我国产业互联网的持续健康发展。同时,也强调了保障产业互联网发展要素供给和构筑可持续发展产业生态环境的重要性。

第二,在撰写本书的过程中,我们得到了许多同行专家的指导与帮助,也借鉴了大量前人的研究成果。在此,要向他们表示衷心的感谢,也要感谢所有支持本书出版的朋友们,是你们的鼓励与帮助让这项研究得以顺利完成。希望本书的出版能够为政府决策、企业实践及学术研究提供有益的参考，为我国制造业的高质量发展贡献一份力量。同时，本书仍存在许多不足之处，如对产业基础存在的问题探讨还不够深入，对产业互联网促进我国制造业转型升级分析的案例对象覆盖还不够全面等。因此，衷心希望读者能够提出宝贵的意见和建议，以便我们在今后的研究中不断完善和提高。

随着新一代信息技术的不断发展与应用，产业互联网将呈现出更加广阔的发展前景和更加丰富的应用场景，从而加快引领制造业的深刻变革与转型升级。我们也将继续关注这一领域的发展动态，不断深入研究，为推动我国产业互联网与制造业的融合发展贡献自己的力量。